AVENTURES DE MER

OU

RECUEIL

DES ÉPISODES LES PLUS INTÉRESSANTS

QU'OFFRENT LES RÉCITS DES VOYAGEURS

PAR C. G***

TOURS

ALFRED MAME ET FILS

ÉDITEURS

BIBLIOTHÈQUE

DE LA

JEUNESSE CHRÉTIENNE

APPROUVÉE

PAR Mgr L'ARCHEVÊQUE DE TOURS

3ᵉ SÉRIE IN-8°

AVENTURES DE MER

OU

. RECUEIL

DES ÉPISODES LES PLUS INTÉRESSANTS

QU'OFFRENT LES RÉCITS DES VOYAGEURS

PAR C. G***

—

NOUVELLE ÉDITION

TOURS

ALFRED MAME ET FILS, ÉDITEURS

—

M DCCC LXXVIII

AVENTURES DE MER

I

NAUFRAGE DU LIEUTENANT DE VAISSEAU MACKAY

RACONTÉ PAR LUI-MÊME

Je reçus à Rangun, capitale actuelle de Pégu, l'ordre de quitter le bâtiment sur lequel j'étais venu dans ce port, pour m'embarquer sur le navire *la Junon,* en qualité de second lieutenant. Le capitaine se nommait Bremner. Notre bâtiment, qui pouvait porter quatre cent cinquante tonneaux (1), était chargé de bois de teck. Il devait se rendre à Madras (2).

L'équipage du vaisseau consistait en cinquante-trois personnes, qui étaient pour la plupart des *lascars,* c'est-à-dire des marins indiens. Nous avions de plus, outre la femme du capitaine et sa domestique, beaucoup de Malais à bord ; de sorte que le nombre total des personnes embarquées se montait à soixante-douze.

A peine fûmes-nous sous voiles que nous touchâmes

(1) Le tonneau de mer est une mesure et un poids de convention. Le tonneau de poids est de mille kilogrammes. Le tonneau d'encombrement est de quarante-deux pieds cubes. On dit un navire de deux cents tonneaux pour désigner un navire pouvant prendre un chargement de deux cent mille kilogrammes.

(2) Ville de 460,000 habitants, capitale d'une des présidences de la compagnie des Indes anglaises.

sur un banc de sable. Comme c'était l'avant qui s'était engagé, on transporta sur l'arrière du bâtiment tout ce qui était susceptible d'être déplacé, afin d'alléger l'autre partie; mais nos soins furent inutiles.

Heureusement la mer était basse et fort calme. Le capitaine prit donc le parti de mouiller (1) deux ancres, afin de fixer le bâtiment à la place où il se trouvait, de peur que la mer remontante ne le poussât plus avant sur le banc de sable. Cette manœuvre eut un plein succès. Le navire ne bougea pas, et deux heures avant la mer tout à fait haute (2) nous étions à flot.

Aucune voie d'eau ne s'étant déclarée, nous levâmes l'ancre et continuâmes notre voyage, bénissant Dieu d'en avoir été quittes à si bon marché.

Deux jours après, vers le soir, une effroyable tempête se déclara. Notre bâtiment se comportait assez bien, lorsque tout à coup un matelot s'élança de la cale en criant que nous coulions bas et que le navire était entr'ouvert. Je me précipitai dans l'entre-pont avec le capitaine, et nous reconnûmes, en effet, un large trou par lequel une colonne d'eau grosse comme la jambe jaillissait avec impétuosité. On courut aux pompes; mais comme notre armateur, par esprit de parcimonie, nous avait obligés de former notre lest (3) avec du sable, ce

(1) *Mouiller une ancre.* Laisser tomber une ancre, ou la porter avec une chaloupe à une certaine distance du navire, selon les circonstances.

(2) Les eaux de la mer ont un mouvement périodique : elles s'élèvent et s'abaissent deux fois en vingt-quatre heures. On dit que la mer est haute, lorsque les eaux sont arrivées à la plus grande élévation qu'elles doivent atteindre ce jour-là. On dit qu'elle est basse quand elles se trouvent dans la situation diamétralement opposée. La mer monte pendant six heures, et met autant de temps à baisser. L'heure de la haute mer varie tous les jours de quarante-huit minutes.

(3) On entend par ces mots les matières destinées à donner de la stabilité aux bâtiments. Le lest des navires de guerre est toujours en fer ou en fonte; ceux de commerce se servent souvent de pierres, et très rarement de sable, dont les inconvénients sont signalés dans ce récit.

sable se mêla à l'eau qui pénétrait dans le navire, et bientôt toutes nos pompes furent hors de service. Voyant l'impossibilité de continuer notre voyage, nous résolûmes, après avoir tenu conseil, de mettre dehors autant de voiles que la force du vent nous permettait d'en porter, et de courir à tout hasard droit sur la côte de Coromandel, dont nous ne pensions pas être éloignés de plus de vingt-cinq à trente heures.

Malgré tous nos efforts pour raccommoder nos pompes, elles fonctionnaient si mal, que l'eau nous gagnait rapidement; et nous avancions avec tant de lenteur, que bientôt nous perdîmes tout espoir de gagner la terre. La terreur, l'épouvante et le découragement s'emparèrent de l'équipage; nous avions toutes les peines du monde à maintenir chacun à son poste. Nous avions déjà passé sept jours terribles dans cette situation désespérante, lorsque, le huitième, les gens employés dans le bas du vaisseau montèrent avec la nouvelle que l'eau couvrait déjà le second pont. Aussitôt beaucoup de personnes, surtout les lascars, s'abandonnèrent entièrement au désespoir : les lâches communiquèrent la peur aux braves, et tout l'équipage demanda à grands cris que l'on mît en mer les canots. Nous ne savions que trop combien cette ressource était insuffisante; nous tachâmes d'en convaincre par leurs propres yeux ces hommes désespérés. Nous n'avions à bord qu'une vieille yole (1) et un canot à six avirons; mais ces deux embarcations étaient criblées de trous et de fentes. La seule chose que nous jugeâmes praticable, ce fut de couper le grand mât, pour alléger d'autant le vaisseau, et cela fut sur-le-champ exécuté. Par malheur, le mât qu'on avait coupé ne tomba

____

(1) Sorte de canot long, léger, d'une grande marche, mais incapable de contenir plus d'une douzaine de personnes.

pas dans la mer, mais tout de son long dans le vaisseau. Le désordre universel qu'occasionna cet événement fit perdre la tête au timonier ; il abandonna le vaisseau à la dérive, et le bâtiment s'enfonça encore plus : la mer passa par-dessus de tous côtés.

Mme Bremner, la femme de notre capitaine, se tenait toujours sur son lit sous le tillac ; elle eut néanmoins assez de présence d'esprit et de force pour ouvrir une écoutille. M. Wade, le premier lieutenant, et moi, nous lui donnâmes la main et nous l'aidâmes à monter sur le tillac, où nous l'attachâmes solidement, de peur qu'elle ne fût enlevée par les lames.

Le bâtiment ne coula cependant pas à fond. Il ne s'enfonça que jusqu'à la hauteur des bastingages (1), et se maintint dans cette position ; grâce à notre cargaison de bois de teck. Notre lest de sable nous rendit un important service ; il empêcha le bâtiment de pencher sur le côté et le maintint dans une situation verticale.

Dans le moment où le bâtiment semblait s'abîmer, nous montâmes tous sur les mâts et dans les câbles, pour échapper à la mort une minute de plus. Le capitaine Bremner, sa femme, M. Wade, plusieurs autres personnes et moi, nous grimpâmes sur le mât de misaine, pendant que les autres se tenaient suspendus aux cordages. Un seul, qui se trouvait sur l'avant, atteignit le mât de beaupré. Nous grimpâmes peu à peu jusque dans les hunes ; là nous avions la commodité de nous asseoir et même de nous coucher. Pour ceux qui n'avaient pu y trouver place, ils durent se tenir dans les haubans (2), où ils se maintinrent le mieux qu'ils purent.

(1) Espèce de parapets qui s'élèvent sur le pont supérieur du navire de guerre, et préservent les matelots des balles et de la mitraille.

(2) Ce sont de gros cordages destinés à consolider les mâts. Ils sont garnis d'échelons en corde, qui facilitent les ascensions des matelots.

M^mo Bremner, en se sauvant de la chambre, n'avait pu emporter que les vêtements qu'elle avait sur le corps. Elle se plaignait beaucoup du froid; et comme son mari n'avait absolument que les habillements nécessaires, et qu'il était vêtu encore plus mal que moi, j'ôtai ma veste et je la donnai à Mme Bremner, quoique je prévisse que je ne tarderais pas non plus à éprouver les rigueurs du froid.

Malgré les lames qui souvent, en se brisant, montaient jusqu'à nous, malgré les périls sans nombre dont nous étions entourés, plusieurs d'entre nous cédèrent au sommeil : tant nous étions excédés par des travaux qui surpassaient les forces humaines et par une longue insomnie!

Je ne fus pas aussi heureux que mes camarades. Passant continuellement de la crainte à l'espérance et de l'espoir à la terreur, je fus incapable de fermer l'œil : l'espérance l'emporta cependant sur la crainte. Il n'était pas invraisemblable qu'au point du jour nous découvrissions la terre; il était également possible qu'un autre vaisseau passât dans notre voisinage; à la vérité, ce n'étaient là que des éventualités; mais avec quel transport le malheureux placé sur le bord de l'abîme ne s'accroche-t-il pas à tout ce qui a une apparence de possibilité! Cet espoir flatteur me soutint pendant toute la nuit. Souvent je m'imaginais entendre un coup de canon, et quand je le disais à mes compagnons de malheur, ils croyaient aussi l'avoir entendu.

Vers l'aube du jour, l'un d'eux s'écria tout à coup : « Une voile! une voile ! »

Sans chercher à s'assurer par sa propre observation de la réalité de cette nouvelle, personne de nous n'hésita à la croire fondée, parce que nous la désirions tous aussi vivement les uns que les autres. « Gloire au Prophète! » s'écraient ceux de l'équipage qui professaient la religion mahométane. Nous autres chrétiens, nous offrions au Tout-Puissant le sincère tribut de notre reconnaissance. Jamais de ma vie je n'éprouvrai un plaisir plus vif que dans ce moment; mais en revanche jamais je ne sentis d'une manière plus cuisante la douleur de voir mon espérance frustrée. En effet, peu de temps après, à notre tristesse inexprimable, il ne nous fut plus possible de douter de notre erreur. Ce moment fut peut-être le plus terrible de tous ceux que nous avions eus jusqu'alors à passer.

La mer était toujours violemment agitée. Qu'on se figure des flots en furie, et soixante-douze misérables, péniblement accrochés à des cordages ou balancés dans les hunes, obligés, pour se maintenir et prolonger de quelques instants leur douloureuse existence, d'employer le peu de forces qui leur restaient, et qui diminuaient d'un moment à l'autre! Qu'on se figure les cris effroyables des femmes des lascars! Ajoutez à tout cela l'épouvantable spectacle de quelques-uns de nos camarades d'infortune entraînés dans la mer, tantôt par les lames, tantôt par le vent. Nous ne voyions d'autre fin possible à nos maux que de trouver la mort au milieu des vagues, ou, ce qui était plus terrible, de périr de faim. Certes, l'imagination la plus sombre ne saurait se représenter un plus lamentable tableau.

Tant que l'orage et le froid continuèrent, j'avais peu souffert de la faim et de la soif; mais à peine le vent fut-il calmé, à peine le soleil brûlant dirigea-t-il perpendiculairement ses rayons sur nos têtes, que nous commençâmes à éprouver tous les tourments de la soif.

Heureusement je me ressouvins d'avoir lu dans la relation du voyage d'Inglefied un moyen d'adoucissement que j'employai tout de suite, et dont à mon grand plaisir je reconnus l'efficacité.

Le marin dont je parle rapporte que lui et ses camarades, dans une situation pareille, avaient trouvé beaucoup de soulagement à se coucher sur des linges trempés dans la mer, parce que les pores de la peau avaient attiré l'eau toute seule, et rejeté les particules salines qu'elle contenait. Je suivis ce procédé ; je trempai de temps en temps un gilet de flanelle dans l'eau de la mer, et me l'appliquai sur le corps nu. Mes camarades imitèrent mon exemple, et puisèrent dans ce rafraîchissement une vigueur nouvelle. Il est très probable qu'après l'aide de la Providence nous dûmes à ce moyen très simple la conservation de notre vie.

Cette méthode nous fut salutaire sous un autre rapport : c'est qu'elle nous arracha à une inaction stupide ; et l'oisiveté est le pire des états où puisse se trouver un homme en proie à un grand malheur. Tant qu'il nous reste de l'activité, l'âme, aussi bien que le corps, conserve de l'énergie ; avec elle on peut braver les maux les plus extrêmes ; mais on succombe inévitablement si l'on tombe dans une torpeur léthargique. Je dois maintenant pour l'instruction des jeunes gens, et d'après mon expérience, les conjurer de ne jamais oublier ce qu'ils ont pu entendre ou lire qui ait été avantageux ou nuisible à une autre personne, dans quelque situation de sa vie que ce puisse être ; de se le graver profondément dans la mémoire, lors même qu'ils ne prévoient pas la moindre possibilité de se trouver un jour dans un cas semblable.

Qui peut, en effet, répondre de ce qui lui arrivera ou ne lui arrivera pas dans l'avenir? Les vicissitudes du sort sont si bizarres et si inattendues. Celui qui est aujourd'hui paisiblement assis à son foyer, regardant comme la plus grande probabilité qu'il ne le quittera jamais, peut en être éloigné dès demain par un changement inopiné ; il peut se voir tout à coup jeté dans les hasards d'une vie orageuse. Il est donc sage de se tenir en garde contre tout événement possible, et de rechercher les moyens de se tirer le plus heureusement que l'on puisse de tous les mauvais pas auxquels nous sommes exposés.

Je ne vous peindrai pas les souffrances atroces que nous causaient la faim et la soif. Sans une pluie bienfaisante qui tomba le troisième jour, nous serions tous morts ; mais ce jour-là nous pûmes nous désaltérer à notre aise, car pendant trois heures le ciel sembla se fondre en eau. Parmi les épisodes les plus touchants de notre lamentable histoire je ne vous en citerai qu'un seul. Ceux que la mort nous enleva les premiers étaient deux jeunes gens dont l'un servait M. Wade en qualité de domestique. Ils étaient accrochés au mât de beaupré : leurs pères se trouvaient avec nous sur celui de misaine. La manière dont ces deux pères envisagèrent les souffrances et l'agonie de leurs fils fut très différente. L'un d'eux, apprenant que son fils était dangereusement malade, reste tranquillement à son poste, et dit avec une grande apparence de sang-froid qu'il ne pouvait pas lui donner de secours : sa propre misère avait sans doute rendu ce malheureux absolument insensible. L'autre, au contraire, ne fut pas plus tôt instruit de la position fâcheuse de son fils, qu'il se laissa descendre tout doucement, et se traîna ventre à terre sur les bords du tillac, qui sortaient un peu de l'eau. Il grimpa dans le mât de beaupré, saisit entre ses bras son pauvre fils agonisant, et le traîna jusque sur le gaillard d'arrière, dans un endroit où trois ou quatre planches sortaient encore de l'eau. Arrivé là, ce bon père y déposa son fils, l'attacha pour que les vagues ne l'entraînassent pas par-dessus le bord, et il ne le quitta pas tant qu'il lui resta un souffle de vie. Il lui soulevait de temps en temps la tête, essuyant avec soin la sueur qui découlait de son front. Tombait-il de la pluie, il lui ouvrait la bouche pour lui en faire recevoir quelques gouttes, ou bien il lui exprimait dans la bouche l'eau qu'il avait recueillie dans un morceau de toile, au lieu de s'en servir pour lui-même.

Il veilla ainsi près de lui durant quatre à cinq jours, en lui prodiguant les soins les plus tendres, en faisant pour lui tout ce qu'il était capable de faire, jusqu'à ce que l'infortuné jeune homme eût rendu le dernier soupir. Dans ce moment cruel, le cœur tendre de ce brave homme ne paraissait pas avoir abandonné toute espérance. Nous sommes fondés à le croire, puisqu'il releva le cadavre, le plaça debout, et le contempla longtemps avec des yeux fixes et attentifs. Lorsque enfin il se fut convaincu de la mort de son fils, il ne cessa pas de le considérer avec une douleur muette jusqu'à ce que le cadavre eût été emporté par les flots. Alors il s'enveloppa dans un morceau de toile et ne se releva plus... Il vécut encore ainsi deux jours; nous en jugeâmes au tremblement de ses membres toutes les fois qu'une vague se brisait sur lui.

Nous étions depuis dix jours à la merci des flots, lorsque vers le soir un de nos compagnons d'infortune s'écria qu'il voyait la terre à l'est. Nous écoutâmes cette nouvelle avec indifférence, et nous restâmes couchés sans nous donner la peine de nous lever pour vérifier le fait : ce ne fut que peu à peu qu'elle fit impression sur nos esprits. En effet, quelque temps après, m'étant levé moi-même, je vis tous les yeux se diriger déjà vers l'endroit où, suivant l'avis, la terre devait s'être montrée. Mais nous n'aperçûmes rien... du moins de positif.

Cependant, comme l'espoir s'était un peu ranimé en nous, nous ne cessâmes de regarder de ce côté jusqu'à ce qu'il fît tout à fait nuit. Alors nous nous communiquâmes réciproquement nos pensées, et l'on finit par conclure qu'il pouvait bien y avoir quelque chose de vrai dans l'opinion de notre camarade. Moi seul je restai incrédule, sans doute parce que je redoutais autant l'approche de la terre que d'autres la désiraient. Je me sentais incapable de faire le moindre effort pour la gagner au moment où notre navire se briserait sur la côte.

Heureusement une autre pensée qui s'éleva dans mon âme balança les idées affligeantes qui m'accablaient. Je jugeai que nos souffrances ont une mesure fixée par la bonté de la Providence, et que c'est précisément lorsque nous touchons au dernier terme de l'adversité que le secours est le plus proche, ainsi que nous l'apprend l'expérience. Combien n'eût-il pas été cruel, après avoir tant souffert, de périr misérablement à la vue de la terre ! Cette réflexion me tranquillisa sur le sort que le Ciel nous réservait, dans le cas où la découverte de la côte serait réelle; mais je n'en continuai pas moins à la révoquer en doute.

Le lendemain matin, je ne songeais donc aucunement à la prétendue terre, lorsqu'on me dit qu'un de nos camarades grimpé à l'extrémité du mât de misaine agitait en l'air un morceau de toile, pour nous avertir que nous avions bien vu la veille. Je désirai alors, ainsi que les autres, m'assurer de la vérité de cette annonce ; mais, comme j'avais précisément trouvé une attitude commode, et que je me sentais assez bien de me tenir l'estomac appuyé contre mon bras, je ne daignai pas me déranger, ne croyant pas que cela en valût la peine. C'est ainsi que toute espèce de sensibilité s'était anéantie en moi, et que j'étais tombé dans une complète indifférence sur la vie ou sur la mort. Cependant, comme tous les autres s'étaient levés pour voir, et qu'ils déclaraient unanimement que c'était bien la terre qu'ils avaient devant les yeux, je pris enfin sur moi de me relever comme les autres.

Vers le soir, nous étions à si peu de distance de la côte, qu'il nous fut facile de reconnaître que c'était une contrée sauvage et inculte, qui n'était probablement habitée que par des bêtes féroces. Au surplus, mon insouciance était telle, que je me couchai tranquillement et m'endormis, quoique je n'espérasse plus revoir le jour, parce que, selon toute apparence, le vaisseau ne pouvait manquer de faire naufrage et de s'abîmer tout à fait pendant la nuit. Ce ne fut que dans la matinée suivante que je fus tout à coup réveillé par une secousse violente qu'éprouva le bâtiment. Il avait touché sur un rocher, comme je l'avais prévu : les vagues l'agitaient avec tant de furie, qu'à peine nous était-il possible de nous tenir.

Comme le reflux venait de commencer, et que l'eau avait déjà baissé de quelques pieds, le tillac se trouva à découvert : nous nous mîmes aussitôt en devoir de descendre du mât; nous n'y réussîmes qu'avec infiniment de peine, à cause de notre affaiblissement total. J'essayai avec le canonnier de descendre Mme Bremner; mais nous trouvâmes cette tentative au-dessus de nos forces, parce qu'elle-même était trop faible pour nous aider. Nous fûmes donc, à notre grand regret, obligés de la laisser en haut. Ce fut alors que la retraite de la mer laissa à sec tout l'espace entre le premier et le second tillac. Pourrait-on croire que quelques-uns des lascars, se traînant sur les pieds et les mains, n'eurent rien de plus pressé que de chercher dans le sable et dans les débris quelques misérables pièces d'argent, et cela, dans un moment où l'on n'entrevoyait pas même la possibilité d'échapper à la mort? Je priai deux d'entre eux, qui paraissaient avoir conservé le plus de forces, de m'aider à descendre la pauvre Mme Bremner. Ils me déclarèrent froidement qu'à la vérité ils étaient prêts à le faire, mais sous la condition expresse qu'on leur donnerait une partie de l'argent que cette infortunée avait sur elle.

Certes, parmi tous mes lecteurs, il ne s'en trouvera pas un seul à qui ce fait ne paraisse incroyable, et cependant je n'ai rien dit qui ne soit exactement vrai. Si l'aspect de la terre avait ranimé dans tous les cœurs un faible espoir de salut, il avait aussi réveillé dans ces âmes cupides l'amour insatiable de l'argent; il en avait banni tout sentiment de bienveillance.

Jusque-là ces lascars s'étaient conduits d'une manière si exemplaire, ils avaient surtout témoigné tant de compassion pour nos malheureuses compagnes, que cette déclaration me causa un singulier étonnement. Mme Bremner avait, en effet, sur elle trente roupies (1) : le soin avec lequel elle conservait cette somme avait été souvent l'objet de nos railleries, parce que nous étions loin de prévoir (ce qui arriva cependant par la suite) que cet argent pourrait nous être d'un grand secours. Enfin je promis à ces hommes sordides huit roupies. Satisfaits de ce salaire, ils grimpèrent en haut du mât, et descendirent heureusement sur le tillac cette pauvre femme épuisée de fatigue et de besoin.

Afin de réconcilier mes lecteurs avec l'humanité, je dois rapporter un incident d'un tout autre genre.

En examinant le vaisseau, nous remarquâmes que la partie supérieure du gouvernail avait été arrachée, et qu'il s'y trouvait un vide par lequel on pouvait grimper dans la chambre du canonnier, que l'eau avait également abandonnée. Nous nous empressâmes donc d'y entrer, pour voir si nous ne trouverions point de quoi assouvir

---

(1) Monnaie en usage dans l'Inde. La roupie d'argent vaut à peu près cinquante sous; celle d'or, trente-trois francs environ. Il est vraisemblable qu'il s'agit ici de roupies d'argent. Le *lac de roupies,* par lequel on compte les grandes sommes, vaut cent mille francs de notre monnaie.

la faim qui nous tourmentait ; mais tout avait été entraîné, excepté trois ou quatre noix de coco qui s'étaient accrochées entre les planches. Que ceux qui firent cette trouvaille s'en fussent exclusivement emparés, cette action eût été pardonnable ; mais pour l'honneur de ces braves gens, pour l'honneur de l'humanité, je dois attester qu'il n'en fut point ainsi. Au contraire, ceux qui recueillirent les fruits dont j'ai parlé s'empressèrent de les partager avec nous. L'un d'eux poussa la générosité jusqu'à céder entièrement la noix qu'il avait trouvée : il n'en demanda que le lait contenu au milieu de l'amande. Cet homme généreux n'y trouva malheureusement pas son compte, parce que ce lait était entièrement gâté, et qu'il ne put en tirer parti.

Notre situation était à la vérité devenue un peu plus commode ; mais elle n'en était guère plus heureuse. La faim, et surtout la soif, le besoin pressant de boire de l'eau fraîche mêlée avec quelque jus acide, nous tourmentaient au delà de toute idée. Pas de moyen d'atteindre la côte !

Encore je croyais que nous n'avions qu'à choisir entre deux genres de mort : être noyés dans les flots, ou dévorés à terre par les tigres. Dans l'après-dînée, nous crûmes apercevoir des hommes sur la rive. Cet aspect releva tout à coup nos espérances. Ceux qui avaient encore la force de se traîner s'efforcèrent de grimper jusque sur le gaillard d'arrière du bâtiment, et, agitant en l'air leur mouchoirs, ils firent signe aux personnes que nous voyions : ils n'épargnèrent rien de ce qui pouvait les rendre attentifs à nos cris. Tous nos soins furent inutiles. Ces hommes ne paraissaient pas même nous regarder : ils continuèrent tranquillement leur chemin, ce qui nous causa une douleur inexprimable.

Quelques-uns de nos gens, excités par le trop court espoir qui venait de briller à nos yeux, imaginèrent de construire, si cela était possible, un radeau pour gagner la côte. On parvint avec des peines infinies à réunir des planches et des lattes, et à en faire un radeau; mais il était beaucoup trop petit et beaucoup trop faible pour nous contenir tous : nous n'étions cependant plus que quatorze personnes. Six lascars moins énervés que les autres résolurent de tenter ce coup de désespoir, et partirent vers la chute du jour. Le flux les poussait vers la côte ; et, malgré les lames d'eau qui menaçaient de détruire leur frêle embarcation, ils arrivèrent heureusement à terre, et nous les vîmes à l'instant courir vers un ruisseau où ils se désaltérèrent tout à leur aise, en se couchant à plat ventre sur le rocher.

Les personnes qui restaient sur le vaisseau consistaient en deux femmes, deux vieillards, un homme d'âge moyen, deux jeunes gens et moi; en tout huit personnes.

Le lendemain matin, nous vîmes les six lascars débarqués revenir encore une fois vers le ruisseau, et y boire à longs traits, ce qui ne nous causait pas peu de plaisir, puisque nous apprenions par là qu'ils avaient échappé aux tigres. Avec quelle joie nous aurions aussi tâché de nous sauver sur un radeau ! mais toutes nos forces réunies ne suffisaient pas pour détacher une seule planche et la lancer à l'eau : il nous fallut donc y renoncer.

Tout à coup nous aperçûmes une foule d'habitants qui se tenaient le long de la côte, vers l'endroit où un des lascars s'était couché. Nous suivîmes tous leurs mouvements avec une curiosité inquiète. Nous les vîmes bientôt allumer du feu (nous sûmes par la suite que c'était pour faire cuire du riz); puis les lascars s'approchèrent du bord de la mer, et agitèrent des pièces d'étoffes pour nous inviter à venir aussi les joindre.

Entreprenne qui le pourra de décrire les sentiments divers qui nous affectaient; notre situation d'esprit approchait du délire. Malheureusement les habitants n'avaient ni canot ni nacelle, et quand ils en auraient eu, ils auraient vraisemblablement été dans l'impuissance de nous secourir.

Cependant l'espoir d'être rendus à la vie s'était plus que jamais rallumé dans notre âme. Je priai mes compagnons de m'aider à détacher quelques planches pour en faire un radeau; mais ils n'en eurent pas la force. Ce fut avec beaucoup de peine que mon valet et moi nous parvînmes à arrcher une poutre; nous la jetâmes dans la mer, et la fixâmes avec une corde au côté du vaisseau. Peu de temps après, nous lançâmes de la même manière une autre poutre, que nous attachâmes à la première. Nous espérions que ces deux morceaux de bois seraient les instruments de notre délivrance.

Je ressentis la plus grande douleur de me voir obligé de laisser derrière nous M\u1d50\u1d49 Bremner; mais quand même notre faible radeau eût pu transporter plus de deux personnes, elle était trop affaiblie pour qu'il me fût possible de la traîner jusque-là. J'espérais toutefois, dans le cas où j'aurais le bonheur de gagner la côte, engager les habitants à essayer tout ce qui serait possible pour sauver cette infortunée. Je la quittai donc, la tristesse dans le cœur. Elle me donna encore une *roupie* et me fit ses adieux, en m'adressant les souhaits les plus sincères pour que ma tentative fût heureuse.

Au moment de descendre, ma résolution m'abandonna: j'étais incertain si je devais suivre mon domestique, qui s'était déjà placé sur une des poutres.

Tout à coup les poutres se détachèrent, et je me vis enlever le dernier moyen de me sauver... Ce contretemps rappela subitement mon courage et mon intrépidité; je me jetai à l'eau, et je rejoignis à la nage une des pièces de bois (1).

Malheureusement cette poutre, qui n'était point plate, mais carrée, ne restait pas toujours dans la même position. L'agitation de la mer la faisait retourner à chaque instant; il en résultait que de temps en temps je me trouvais dessous et recouvert d'eau. Une position aussi fâcheuse acheva d'épuiser mes forces. Plusieurs fois je fus obligé d'abandonner la poutre; mais toujours au moment où j'allais être englouti, rassemblant tout ce qui me restait d'énergie, je m'en emparais de nouveau, et je m'y tenais fortement accroché.

A mon extrême surprise, je reconnus que je n'approchais pas du rivage, que les courants m'entraînaient dans une direction parallèle à la côte. Cette découverte faillit me jeter dans un profond désespoir. Je fis néanmoins tous mes efforts pour diriger la poutre vers le rivage : dans cette intention, je me plongeai dans l'eau jusqu'à la ceinture, et me servis d'un bras et d'une jambe en guise de rames. Cela me réussit fort bien pendant quelque temps; mais au moment où j'y pensais le moins, je fus atteint par une énorme vague qui se brisa sur moi et me jeta loin de la poutre. Je m'enfonçai dans l'eau; puis à l'instant une autre vague me reprit et me rejeta en travers de la pièce de bois.

Quoique j'eusse perdu la respiration, l'instinct de ma conservation eut encore sur moi tant d'empire, que je m'y attachai de toutes mes forces. La poutre se retourna encore plusieurs fois; les cailloux, les galets que les vagues entraînaient avec elles, me déchiraient et me faisaient beaucoup de mal; mais regardant cela même

____

(1) L'auteur n'explique pas ce que fit le domestique : nous apprendrons cependant par la suite qu'il fut sauvé.

comme une preuve que le rivage n'était pas loin, je sentais mon courage se fortifier. Une autre lame d'eau non moins terrible me saisit derechef et me lança avec violence sur des rochers, auxquels je me cramponnai afin que les vagues ne m'en éloignassent point.

En partant du vaisseau, j'étais vêtu d'un gilet de flanelle, d'une chemise et d'un pantalon. Le gilet et la chemise étaient en lambeaux ; quant au pantalon, il était demeuré suspendu à l'angle d'un rocher. J'abandonnai mon pantalon, et je fis du reste un paquet que je m'attachai sur le dos. N'étant plus en état de me tenir debout, je me traînai sur les pieds et les mains un peu plus loin, afin de me mettre hors de la portée des vagues. Arrivé en lieu de sûreté, je me retournai pour me cacher derrière un rocher et me mettre à l'abri du vent froid qui soufflait. Quoique je m'aperçusse que plusieurs habitants venaient à ma rencontre, j'étais tellement épuisé et excédé de lassitude, qu'en peu de minutes je tombai dans un profond sommeil. Je ne tardai pas à être réveillé par les indigènes, qui m'adressaient la parole en langue indoue. Je les entendis avec un extrême plaisir ; cela me prouvait que ma crainte d'avoir fait naufrage hors du territoire de la compagnie des Indes n'était pas fondée.

Ces gens-là m'informèrent que nous n'étions qu'à six journées de Chiltagong, qu'ils étaient des cultivateurs dans les possessions de la compagnie anglaise, et qu'ils auraient soin de moi si je voulais aller avec eux. Je répondis que les efforts que j'avais faits et les blessures dont j'étais couvert m'avaient tellement épuisé, que je ne pouvais pas me traîner : je les suppliai de me donner un peu de riz.

Quelque affreuse que fût ma détresse, l'idée de ma nudité réveilla en moi un sentiment de pudeur : mon embarras devint visible. L'un d'eux, un Birman, ôta son turban pour me l'attacher autour des reins, à la mode du pays.

Voyant que j'étais hors d'état de me lever, deux de ces gens me prirent sur leurs bras et me transportèrent vers le ruisseau, où je les priai de me laisser me désaltérer. Ils voulurent m'en empêcher, craignant que cela ne me fît du mal, mais je me jetai par terre, et me mis à boire avec tant d'avidité, qu'il fallut m'en empêcher par force. Nous arrivâmes ensuite à l'endroit où était le feu ; j'y trouvai, outre les six lascars qui nous avaient quittés la veille, le canonnier et le sergent du vaisseau. Ces deux derniers étaient partis après moi ; mais ils m'avaient devancé, grâce à leur plus grande habileté dans l'art de nager.

Le plaisir de revoir mes camarades, d'écouter le récit touchant de l'humanité avec laquelle on les avait recueillis, me causa une joie si violente que pendant quelques moments je crus ma raison aliénée.

Je fus longtemps à concevoir comment il était possible que le canonnier et le sergent se trouvassent à terre, lorsque je savais bien les avoir laissés à bord du vaisseau.

Plus je cherchais à m'en rendre compte, plus mon imagination éprouvait de confusion. Au reste, j'attendis très patiemment pendant plus de dix minutes que le riz fût cuit ; et même, lorsqu'on m'en eut présenté un peu, je ne voulus pas y toucher, malgré la faim qui me pressait, avant qu'on m'eût assuré que la quantité n'était pas trop forte. Enfin j'en mis une cuillerée dans ma bouche, mais je ne pus l'avaler ; on me donna de l'eau qui aida, il est vrai, à faire passer le riz, mais qui faillit m'étouffer. Je recouvrai cependant peu à peu la faculté d'avaler les aliments ; mais la chaleur que j'avais soufferte

m'avait tellement desséché le gosier, que, lorsque je
voulais mâcher ou avaler du riz, je saignais abondam-
ment et j'éprouvais des douleurs cuisantes. Après
m'être un peu restauré, je tombai dans un sommeil profond.

A mon réveil, je me ressouvins tout de suite de ce que
je devais à Mme Bremner et aux autres malheureux qui
étaient encore sur le bâtiment naufragé. Je dépeignis
aux habitants l'état déplorable où j'avais laissé mes compagnons d'infortune : je les conjurai d'aller sur-le-
champ à leur secours ; et comme je savais quel attrait l'a-
mour de l'argent avait pour ces hommes, je leur donnai
l''espoir qu'ils en seraient largement récompensés.

Ils se laissèrent persuader ; mais, le reflux qui avait
lieu en ce moment ne leur permettant pas de rien entreprendre, ils me promirent de veiller pendant la nuit, et
de se tenir prêts pour attendre le flux, espérant que la
marée montante ramènerait le bâtiment plus près de la
côte.

Je sentis ensuite une faim dévorante ; je demandai
avec instance un peu de riz ; mais on me répondit qu'il
n'y en avait plus, et que pendant la nuit on ne pouvait
pas en faire cuire. Il fallut donc que je renonçasse à
satisfaire mon appétit, et je ne tardai pas à me ren-
dormir.

Vers minuit on m'éveilla, et j'eus l'agréable surprise
d'apprendre que Mme Bremner et sa servante avaient été
transportées sur le rivage. Je me levai promptement et
je courus vers elles ; je les trouvai déjà assises auprès du
feu : elles y mangeaient un peu de riz qu'on leur avait
donné. Jamais je n'ai vu de joie s'exprimer d'une manière plus énergique que celle qui brillait sur le visage
de Mme Bremner, quoique toute sa physionomie présen-
tât les plus affreux ravages de la faim et de la misère.

Elle devait son salut à l'humanité de l'honnête Birman dont j'ai parlé. Les autres habitants, qui avaient entendu parlé des roupies possédées par Mme Bremner, avaient déjà conçu le projet de s'emparer de son argent, de le partager entre eux, et d'abandonner ensuite cette pauvre femme à son affreuse destinée.

Heureusement le vertueux Birman soupçonna leur dessein; aidé d'un de ses compagnons, il vola au secours de ces deux malheureuses, parvint à les transporter à terre, et ne voulut pas en recevoir la moindre récompense.

Dans le cours de cette nuit, le vaisseau fut brisé en deux parties. La partie inférieure demeura engagée dans les rochers; la partie supérieure surnagea, et vint à si peu de distance de la côte, que deux de nos gens qui s'y trouvaient encore purent se rendre sains et saufs sur le rivage. Il tomba une forte pluie; le froid nous incommoda beaucoup, parce que nous étions couchés à terre sans couverture.

Le lendemain matin, les habitants nous donnèrent encore du riz; mais ce fut alors que leur avarice se montra dans toute sa turpitude. Ils refusèrent positivement de nous en fournir à moins que nous ne voulussions le payer comptant. Les huit lascars firent leurs emplettes avec l'argent qu'ils avaient obtenu pour descendre Mme Bremner de la hune; ils ne se séparèrent de nous que parce qu'étant mahométans il leur était défendu de manger avec des personnes qui ne fussent pas de leur religion. Quant à nous, Mme Bremner offrit de donner huit roupies si l'on voulait nous fournir du riz pendant quatre jours, espace de temps qui nous paraissait nécessaire pour nous reposer avant de nous remettre en marche pour le village voisin, éloigné de dix lieues. Cette offre fut acceptée.

La veille du jour fixé pour commencer notre voyage,
nous proposâmes aux habitants de faire pour Mme Bremner, qui n'avait pas la force de marcher, un brancard de
bambou. Après de longues discussions sur le prix, il fut
convenu qu'ils recevraient douze roupies, et de plus
deux roupies pour notre nourriture pendant le trajet.

Quant à moi, après avoir essayé mes forces, je me
trouvai dans l'impossibilité de faire le chemin à pied; je
demandai aussi à être transporté sur un brancard. On refusa d'abord absolument d'y consentir. On agréa cependant enfin ma proposition, à condition que je payerais
deux fois autant que Mme Bremner, et sur-le-champ.
N'ayant ni par moi ni par mes camarades la somme nécessaire, je les assurai que ceux de mes compatriotes
que je rencontrerais dans le premier établissement anglais leur donneraient avec plaisir le prix qu'ils exigeaient. Ils persistèrent opiniâtrément dans leur déclaration. Je me vis donc contraint à rester en arrière avec
ceux des habitants qui gardaient les effets qu'on avait
dérobés sur le vaisseau, jusqu'à ce que Mme Bremner fût
arrivée à Ramu, comptoir anglais le plus voisin, et
qu'elle eût fait connaître à nos compatriotes ma triste
situation. J'avais tout lieu d'espérer qu'ils ne refuseraient pas de m'envoyer une voiture; mais alors s'éleva
la question de savoir comment je pourrais vivre en attendant.

Les habitants offrirent d'abord de me fournir du riz
moyennant deux roupies par jour à crédit, mais le lendemain matin ils rétractèrent leur promesse, et déclarèrent nettement qu'ils ne me donneraient pas le moindre
repas, à moins que je ne le payasse comptant.

Toutes mes représentations, toutes mes prières furent
vaines; j'eus recours aux menaces; je protestai que la
compagnie anglaise au service de laquelle j'étais attaché

ne laisserait pas leur inhumanité impunie. Ils les méprisèrent et n'en furent nullement intimidés.

Que me restait-il donc à faire? Rien de mieux que de suivre les autres, quoiqu'il fût très probable que je resterais en chemin et que je serais dévoré par les tigres. A notre départ nous eûmes le déplaisir de voir que six habitants seulement nous servaient d'escorte, savoir : quatre pour porter les deux femmes, et deux pour porter les vivres. Il était donc facile de présumer qu'on ne nous donnerait que fort peu à manger; mais toutes les protestations furent sans effet. Nous nous mîmes en marche, le cœur ulcéré de tristesse et d'inquiétude ; nous étions suivis du canonnier et de deux domestiques. Les lascars demeurèrent avec les habitants.

Lorsque nous fîmes halte pour la première fois afin de nous reposer, l'épuisement me procura un sommeil profond. A mon réveil, je me sentis les membres tellement engourdis que je ne pus me relever seul, et que je fus incapable de suivre mes compagnons. Je restai donc considérablement en arrière. A la vérité, mon valet pouvait mieux marcher que moi; mais, quelque peur qu'il eût des tigres, ce brave garçon ne voulut pas m'abandonner. Avec quel plaisir mes lecteurs ne verront-ils pas ce trait de fidélité et de dévouement à côté de la barbarie dont les habitants de cette côte usèrent envers nous!

Toutes les fois que je rejoignais la caravane, je trouvais toujours le repas fini, et les personnes qui la composaient prêtes à se remettre en route.

Pour ne pas nous en séparer, il fallait les suivre sans prendre le temps de manger et de nous reposer. L'engourdissement de mes membres augmenta à un tel point, qu'il me fut impossible de me mouvoir sans éprouver de grandes souffrances. A chaque pas j'étais forcé de m'arrêter pour prendre du repos. Mon bon valet voulait encore rester auprès de moi ; mais j'exigeai absolument qu'il me quittât, parce que je ne voulais pas que cet honnête homme partageât mon malheureux sort. Il obéit, quoique malgré lui.

Je restai donc seul, sans espoir, et j'avoue qu'il me paraissait dur de périr par l'inhumanité de mes semblables, lorsque j'avais échappé à tant de maux. L'indignation me rendit la vie odieuse ; et plus d'une fois je fus sur le point d'essayer de me débarrasser de ma misérable existence ; mais toujours j'en fus détourné par la crainte d'offenser la Providence, qui m'avait soutenu jusqu'alors. Persuadé qu'il était de mon devoir de lutter, aussi longtemps qu'il me serait possible, contre l'adversité qui m'accablait, je fis des efforts et parvins à me traîner un peu plus loin.

Et, justement, comme si la Providence avait eu dessein de me réconcilier avec l'espèce humaine, et de me prouver qu'il se trouvait partout, à côté de quelques méchants, beaucoup d'hommes bons et honnêtes, elle envoya sur mon chemin des êtres qui faisaient un singulier contraste avec ceux que je venais de quitter.

C'était une troupe de porte-balles indiens, appelés *mugis*. Je les aperçus à quelque distance de la route occupés à faire cuire du riz. Sans savoir qui ils étaient et si je pourrais m'en faire comprendre, j'allai vers eux, espérant que mon extérieur misérable leur inspirerait de la compassion.

Je ne me trompais pas. Leur chef me parla en langue portugaise, et me demanda quel accident m'avait réduit à l'état misérable où il me voyait. Heureusement je savais assez de cette langue pour me faire entendre. Je lui racontai succinctement tous les maux que j'avais soufferts. Il fut extrêmement touché de mon récit, et s'emporta en imprécations contre les inhumains qui m'avaient ainsi abandonné. Il me donna aussitôt tout ce qu'il avait de meilleur à manger, et, afin de m'empêcher de me jeter avec trop d'avidité sur les mets qu'il m'offrait, il me promit de me donner des provisions suffisantes pour continuer mon voyage. Il m'engagea à me remettre en route à petites journées, et, bien que je fusse seul, à n'avoir aucune crainte des tigres, parce que ces animaux étaient rares et peu courageux dans ce pays, et que d'ailleurs il m'enseignerait un moyen d'allumer du feu, dont la lueur les effraye et les met en fuite.

Les plaies que je m'étais faites en abordant sur la côte étaient encore pleines de sable et d'ordures; ce voyageur charitable s'empressa de les laver, et de les humecter avec quelques gouttes de jus de bambou, spécifique qui aida à les faire promptement cicatriser. En recevant ces soins généreux, je pensais au Samaritain compatissant de l'Évangile. En effet, quoique cet homme ne fût ni de la même nation ni du même culte que moi, puisqu'il était Portugais et de la religion catholique romaine, tandis que j'étais Anglais et protestant, il n'en montrait pas moins de bienveillance. Il était commerçant et portait des marchandises dans la ville d'Aracan.

Après que j'eus suffisamment recouvré mes forces, et que je me fus senti assez reposé, le bienfaisant Portugais me donna autant de toutes les provisions qu'il avait en riz, tabac, oignons, etc., que je pus en porter. Il joignit à ces dons une marmite pour faire cuire le riz, et m'indiqua un procédé pour faire du feu, en frottant l'un contre l'autre deux morceaux de bambou. Après cela, il me recommanda à la protection de la sainte Vierge, et me pressa de partir, afin que je pusse atteindre avant la fin du jour une cabane que je devais rencontrer à une

petite lieue de là. Les procédés compatissants de ce
brave homme m'avaient si vivement ému, que j'eus à
peine la force de lui dire adieu.

J'étais déjà un peu éloigné, lorsque ce même Portugais courut après moi, et me donna un de ses pantalons,
afin qu'arrivé à Ramu je n'eusse pas à rougir de ma nudité. A cette nouvelle preuve de sa sensibilité, des larmes
coulèrent de mes yeux. Je me jetai tout attendri dans ses
bras, la parole expira sur mes lèvres : je n'exprimai encore une fois mes adieux que par mon silence.

Je marchai pendant près d'une demi-heure : la fatigue
me contraignit de m'asseoir. Je voulus essayer en ce moment si je pourrais profiter du secret qu'il m'avait appris
pour faire du feu, et qui me devenait alors si utile. Mais
à mon grand étonnement j'éprouvai que je n'avais pas
assez de vigueur pour frotter les morceaux de bambou
avec la vitesse ordinaire. Ce désagrément me découragea
beaucoup; je vis alors combien il était urgent de redou-
bler d'activité pour rejoindre, s'il était possible, la caravane dont j'avais fait partie, et qui m'avait si lâchement abandonné. Je surmontai donc ma lassitude, et
j'arrivai heureusement à la cabane dont on m'avait
parlé.

J'y trouvai avec un plaisir inouï, et contre mon attente, Mme Bremner et son escorte qui prenaient leur
repas. Je me joignis à eux; et, pour faire voir aux barbares Indiens que je n'avais plus besoin d'eux, je fis
cuire du riz dans la marmite que le Portugais m'avait
donnée, et j'appelai mon domestique pour le faire manger
avec moi.

Ainsi restauré, nous reprîmes notre route pendant
la soirée.

Mais comme il ne nous arriva plus rien dont le récit
puisse être agréable ou instructif pour le lecteur, je lui

épargnerai des détails insignifiants , et je me contenterai
de dire que nous parvînmes enfin à Ramu avec des peines
et des fatigues infinies, et que nous trouvâmes un pro-
tecteur zélé et bienveillant dans la personne de M. To-
wers, commandant anglais. Il eut pour nous toutes sortes
d'égards ; il nous fit transporter de la manière la plus
commode à Chiltagong, et nous donna des lettres de recommandation pour M. Brice, qui y commandait un
corps de troupes anglaises. Ce dernier nous fit un accueil
non moins favorable : il pourvut à tous nos besoins. Le
repos et une excellente nourriture nous y rétablirent si
promptement, que nous fûmes en état d'entreprendre la
dernière partie de notre voyage, de Chiltagong à Cal-
cutta, capitale des possessions anglaises dans le Bengale,
sans nous trouver trop incommodés par le trajet. Nous y
arrivâmes enfin en bonne santé, et nous y trouvâmes
le terme de nos souffrances inouïes.

Au reste, je me trouverai amplement récompensé de
la peine que j'ai prise de retracer l'histoire de mon malheureux voyage, si je puis espérer qu'aucun de mes lecteurs ne déposera le livre sans avoir l'intime conviction
que, même dans les plus grandes calamités, il ne faut
pas se livrer au désespoir, qu'il faut se raidir de tout
son pouvoir contre les revers de la fortune. En effet, alors
même que nous gémissons sous le poids de maux et de
périls qui semblent outre-passer les forces humaines, il
n'y en a aucun dont la Providence ne soit toute-puis-
sante à nous délivrer.

AVENTURES DU MATELOT ANGLAIS SELKIRK

ABANDONNÉ DANS UNE ILE DÉSERTE

Le capitaine Woodes-Rogers ayant, dans le cours d'un voyage autour du monde, envoyé sa chaloupe chercher des vivres frais dans l'île de Juan-Fernandez, l'officier chargé de cette expédition rencontra dans ces parages inhabités un homme vêtu de peaux de chèvre dont la figure avait quelque chose de plus sauvage encore que son accoutrement. C'était un Écossais, nommé Alexandre Selkirk, officier à bord d'un vaisseau anglais, que son capitaine avait abandonné dans cette île depuis quatre ans et quatre mois.

Pendant son long séjour dans cette solitude il avait vu passer quantité d'autres bâtiments; mais il n'en avait vu mouiller que deux, qu'il avait reconnus pour des espagnols. Quelques matelots l'ayant aperçu avaient tiré sur lui, et l'avaient poursuivi jusque dans les bois; il s'était heureusement dérobé à leur fureur en grimpant sur un arbre, où ils ne l'avaient pas découvert, et d'où il leur avait vu tuer plusieurs chèvres autour de lui. Il avoua qu'il n'aurait pas fait de difficulté de se livrer à des Français, s'il eût vu paraître quelqu'un de leurs vaisseaux; mais il avait mieux aimé s'exposer à mourir dans un lieu désert que de tomber entre les mains des

Espagnols, qui n'auraient pas manqué de le condamner aux mines, dans la crainte qu'il ne donnât aux étrangers des renseignements sur la mer du Sud.

Voici, d'après le capitaine Woodes-Rogers, comment Selkirk lui rendit compte de ses aventures. Cet homme nous apprit, dit-il, qu'il était né à Dargo, en Écosse; que dès son enfance il avait été élevé dans la marine; qu'ayant été abandonné dans l'île par son commandant à l'occasion de quelques démêlés, il avait pris la résolution d'y demeurer plutôt que de solliciter sa grâce par des soumissions qui l'auraient exposé à de nouveaux chagrins, outre que son vaisseau était en mauvais état; qu'étant revenu néanmoins à des sentiments plus modérés, il avait souhaité d'y retourner, mais que le capitaine avait refusé de le recevoir. Il ajouta qu'il avait déjà touché à cette île dans un autre voyage, et qu'on y avait alors laissé deux hommes qui n'y avaient passé que six mois, jusqu'au retour de ceux qui les avaient abandonnés. Cet exemple l'avait soutenu contre les premiers mouvements du désespoir, en lui faisant espérer le même traitement.

Il avait été mis à terre avec ses habits, son lit, un fusil, quelques livres de poudre, des balles, du tabac, une hache, un couteau, un chaudron, une bible, quelques livres de piété, ses instruments et ses livres de marine. Pendant les huit premiers mois, il eut beaucoup de peine à vaincre sa mélancolie. Il se fit deux cabanes de branches d'arbres, l'une à quelque distance de l'autre; il les couvrit d'une espèce de joncs, et les doubla avec les peaux de chèvres qu'il tuait à mesure qu'il en avait besoin.

Lorsque sa poudre fut presque épuisée, il trouva le secret de faire du feu avec deux pièces de bois de piment qu'il frottait sur son genou, l'une contre l'autre. La plus petite de ces huttes lui servait de cuisine ; dans la grande il dormait, il chantait des psaumes et priait Dieu : jamais il n'avait été si bon chrétien.

Dans les premiers temps il ne pouvait résoudre à manger que lorsqu'il se sentait pressé par une faim extrême : cela tenait autant à la tristesse qui le dévorait qu'à la privation du pain et du sel; il ne se couchait jamais que lorsqu'il lui devenait impossible de veiller. Le bois de piment, qui donne un feu très clair, lui servait pour faire cuire ses viandes, pour l'éclairer, et par son odeur aromatique il récréait ses esprits abattus.

Il ne manquait pas de poisson ; mais il n'osait en manger sans sel (1), parce qu'il lui causait des indispositions graves; il ne faisait usage que d'écrevisses de rivière, qui sont d'un goût exquis dans cette île, et presque aussi grosses que celles de mer.

Il les mangeait tantôt bouillies, tantôt grillées, comme la chair des chèvres, à laquelle il ne trouvait pas le goût aussi fort qu'à celle des chèvres d'Europe, et dont il faisait d'excellent bouillon.

Il tua jusqu'à cinq cents de ces animaux. Quand il eut épuisé toutes ses munitions, il les prenait à la course, et s'en faisait même un amusement; il en avait lâché à peu près le même nombre après les avoir marquées à l'oreille.

Un exercice continuel l'avait rendu si agile, qu'il courait à travers les bois, sur les rochers et les collines, avec une vitesse incroyable.

Nous l'éprouvâmes, dit Rogers, en allant à la chasse

(1) Comment un homme aussi intelligent que paraissait l'être *Selkirk* ne se procurait-il pas du sel en faisant évaporer l'eau de la mer, car il avait du bois à discrétion ? Mes jeunes lecteurs trouveront en cela une nouvelle preuve que, dans les conjonctures difficiles, ce sont souvent les expédients les plus simples auxquels on songe le moins.

avec lui. Nous avions à bord un chien dressé au combat
des taureaux et de bons coureurs; il les devançait tous;
il lassait nos hommes et le chien; il prenait les chèvres
et nous les apportait sur ses épaules. Un jour, nous dit-il,
peu s'en fallut qu'une chèvre ne me coûtât la vie; il la
poursuivait avec tant d'ardeur, que l'ayant saisie sur le
bord d'un précipice caché par des buissons, il tomba du
haut en bas avec elle : cette chute lui fit perdre connaissance. Enfin, revenant à lui-même, il trouva la chèvre
morte sous lui; il était si brisé, qu'il passa vingt-quatre
heures dans la même place; et s'étant traîné avec beaucoup de peine jusqu'à sa cabane, qui était à une lieue de
là, il n'en put sortir qu'après dix jours de repos.

Un long usage lui fit prendre goût à ces aliments,
quoique sans sel et sans pain. Dampier et ses compagnons
avaient semé dans cette île quelques navets, qui avaient
prospéré et couvraient des arpents entiers.

Selkirk jouissait de la prévoyance de ses compatriotes :
l'arbre qui porte le chou-palmiste lui offrait aussi un aliment agréable; le piment, ou poivre long, lui servait
à assaisonner ses viandes.

Ses souliers, ses habits furent bientôt usés par ses
courses au travers des bois et des broussailles; mais
ses pieds s'endurcirent à cette fatigue. Quant à ses habits,
il les remplaça par des habits et un bonnet de peaux de
chèvre, qu'il cousait ensemble avec de petites lanières
qu'il en avait coupées : un clou lui servait d'aiguille. Il
se fit des chemises de quelque toile qu'on lui avait
laissée : il était à sa dernière lorsque les vaisseaux lui
apportèrent d'autres secours. Son couteau s'étant usé
jusqu'au dos, il en forgea d'autres avec quelques cordes
de fer qu'il trouva sur le rivage; il les coupa en plusieurs
morceaux qu'il eut l'art d'aplanir et d'aiguiser.

La nécessité lui fit imaginer une foule d'expédients

ingénieux. Obligé de marcher pieds nus, ses pieds s'é-
taient si fort endurcis, que non seulement il pouvait se
passer de bas et de souliers, mais qu'il eut de la peine à
en reprendre l'habitude. Ses pieds s'enflèrent la première
fois qu'il voulut se chausser.

Pendant son long isolement sur cette terre sauvage, il
eut recours à divers moyens pour abréger le temps et
tromper l'ennui. Il s'amusait à graver son nom sur l'é-
corce des arbres; il y inscrivait la date de ses malheurs
et la durée de son exil.

Il fut d'abord incommodé par les rats, qui, s'étant
échappés de différents navires d'Europe, s'étaient ré-
pandus à terre, et y avaient prodigieusement pullulé.
Ces animaux incommodes venaient souvent lui mordre
les pieds et ronger ses habits pendant son sommeil. Il
ne se débarrassa de leurs insultes qu'en se faisant des
amis parmi les chats sauvages, auxquels il distribuait
libéralement de la chair de chèvre.

Ces chats devinrent insensiblement si familiers, qu'ils
s'attroupaient autour de lui par centaines; et grâce à
leur secours il se vit bientôt délivré des rats. Selkirk ré-
duisit aussi de petits chevreaux à l'état de domesticité;
il oubliait souvent ses infortunes en se mettant à danser
et à chanter au milieu des chats et des chevreaux qui
bondissaient, miaulaient et criaient autour de lui. C'est
ainsi que par le secours de la Providence, à l'âge de
trente ans, il sut remédier à tous les maux de la solitude
et se résigner à son triste sort.

Lorsque le capitaine Rogers le reprit à bord, il avait
tellement oublié sa langue maternelle, par le long silence auquel il avait été réduit, qu'à peine pouvait-il se
se faire entendre de ses compatriotes. On lui présenta de
l'eau-de-vie, et il la rejeta avec aversion. L'habitude de
ne boire que de l'eau lui rendait insupportable toute li-

queur spiritueuse; il fut même quelque temps avant de
pouvoir s'accoutumer de nouveau à la manière de vivre
des gens de mer.

Quant aux productions de cette île, Selkirk ne découvrit presque rien de plus que ce que les Européens
en savaient déjà. Il dit seulement qu'il y avait dans les
montagnes une sorte de prunes noires d'une saveur dé-
licieuse, mais difficiles à se procurer, parce qu'elles ne
croissent que dans les lieux escarpés. Il observa que
l'arbre qui porte le piment y est très commun, et y atteint une grande hauteur; il y avait aussi beaucoup de
cotonniers très hauts.

Le climat de cette île est si favorable, que les arbres et
le gazon ne se dépouillent jamais de leur verdure. Juin
et juillet sont les seuls mois d'hiver (1); encore cette saison n'y est-elle pas rigoureuse. Les gelées et la neige sont
de peu de durée; mais les pluies sont quelquefois insup-
portables; la chaleur de l'été y est fort modérée; le tonnerre et les orages y sont rares.

Selkirk ne vit aucun animal venimeux dans ses do-
maines, ni d'autres gros quadrupèdes que les chèvres,
dont la race y a été introduite par l'Espagnol don Juan
Fernandez, qui était venu fonder une colonie avec quelques familles, et se retira ensuite au Chili, dans une
situation plus commode et plus profitable. Les chèvres
s'étant retirées dans les endroits les plus escarpés et les
plus inaccessibles, ne purent pas en être ramenées au moment du départ; depuis ce temps elles fournissent des
provisions fraîches à tous les vaisseaux qui touchent cette
terre.

Tout le monde sait que Selkirk, étant revenu en An-

____

(1) Mes jeunes lecteurs n'oublieront pas que cette île est située dans
l'hémisphère antarctique, non loin de la côte du Chili.

gleterre, écrivit le récit de ses aventures, et les remit
entre les mains d'un littérateur nommé Daniel Foë, afin
que celui-ci leur donnât de la tournure et de l'intérêt, ce
qu'un homme illettré comme Selkirk n'était pas en état
de faire. Mais cet écrivain, au lieu de composer, avec ces
matériaux, une histoire véritable, y sema les trésors de
son imagination, et en fit le célèbre roman de *Robinson
Crusoé*. Ainsi le pauvre Selkirk se trouva privé de l'a-
vantage que lui aurait procuré la narration simple et
véridique de ses infortunes et de ses occupations dans
cette île déserte.

II

AVENTURES DU CAPITAINE CHEAP

COMMANDANT UN DES VAISSEAUX DE L'ESCADRE DE L'AMIRAL ANSON

L'escadre de l'amiral Anson fut accueillie le 3 mars 1741 par une violente tempête qui dispersa les vaisseaux dont elle était composée. Parmi ceux-ci le *Wager,* capitaine Cheap, fut un des plus maltraités. Désemparé de tous ses mâts, il demeura pendant plusieurs jours le jouet des flots, et finit par être jeté sur les rochers bordant les côtes de l'Amérique méridionale, non loin de la terre des Patagons.

Cette catastrophe arriva à quatre heures du matin ; tous ceux de l'équipage qui étaient en état de marcher (la moitié des matelots gisaient dans leurs cadres, malades du scorbut) coururent bien vite sur le tillac ; et parmi ceux qui montrèrent le plus d'empressement, il s'en trouva que des maladies graves retenaient couchés depuis deux mois. Quelques-uns, rendus impotents par les progrès du scorbut, ne purent sortir de leur place et furent noyés.

Les malheureux naufragés n'apercevaient de tous côtés que des vagues grosses comme des montagnes, et qui, se brisant sur le vaisseau, semblaient prêtes à l'écraser de leur poids. C'eût été une chose intéressante pour un observateur placé en lieu sûr, et qui n'aurait pas été lui-

même acteur de cette tragédie, que de voir-les différentes impressions produites sur les diverses personnes
de l'équipage par tant d'horreurs accumulées : cependant il y en avait en qui le désespoir occasionna des effets
si étranges, que leurs compagnons d'infortune purent le
remarquer et en rendre compte. Plusieurs de ces misérables étaient devenus insensés; un, entre autres, transporté de rage, se mit à courir sur le pont, le sabre la
main, se disant roi des sauvages de la côte, et frappant
tous ceux qu'il rencontrait. Ses compagnons n'eurent
d'autre ressource, pour échapper à sa fureur, que de le
massacrer lui-même.

Quelques-uns, accablés par le scorbut et par de longues souffrances, étaient, pour ainsi dire, pétrifiés et
privés de l'usage de tous leurs sens : on les eût pris pour
des masses inanimées. Couchés sur le pont, ils obéis-
saient aux secousses qu'éprouvait le vaisseau, sans faire
le moindre effort pour se retenir. Un des matelots qui
passait pour être des plus intrépides déclara qu'il ne
pouvait supporter la vue des brisants et des flots qui mu-
gissaient autour du bâtiment, et il se serait précipité
dans la mer si on ne l'eût retenu.

D'autres personnes, au contraire, conservaient un
sang-froid et une fermeté vraiment héroïques. L'officier
de poupe demeura à son poste, quoique le gouvernail
et sa barre eussent été emportés. Lorsqu'on l'interrogeait
sur l'état du vaisseau, il répondit comme s'il s'était agi
d'un événement tout simple.

M. Jones, qui a survécu non seulement à ce naufrage,
mais à un autre non moins horrible sur la côte de Barbarie, montra la plus grande intrépidité, et s'efforça
d'inspirer la même résolution à ses camarades. « Mes
amis, leur disait-il, ne vous découragez pas. Est-ce donc
pour la première fois que vous voyez un vaisseau en-

gagé au milieu des brisants? Tâchons de le tirer de là. Donnons chacun un coup de main. Courage! nous amènerons le vaisseau près de terre. »

Ses exhortations eurent un si heureux effet, que plusieurs matelots déjà à moitié morts d'épouvante rappelèrent toute leur énergie et se mirent, quoique sans espoir, à travailler pour dégager le bâtiment.

Enfin, au point du jour, la tempête s'étant apaisée, les Anglais aperçurent terre à peu de distance. Lancer à la mer les chaloupes et les bateaux, ce fut l'affaire d'un instant : on se disputa ensuite à qui se jetterait le premier dans ces esquifs; tous voulaient s'y réfugier à la fois, et ils furent si chargés, qu'ils faillirent s'abîmer avant d'atteindre la côte.

Le capitaine Cheap, qui avait eu le malheur de se démettre l'épaule par une chute, la veille même du naufrage, ne pouvait surveiller en personne toutes les mesures qu'il ordonnait.

Tout était bien changé à bord. Ceux qui naguère s'abandonnaient au plus violent désespoir, ou qui, se jetant à genoux, imploraient la miséricorde de Dieu, croyant toucher à leur dernière heure, ces hommes, dis-je, voyant que le danger n'était pas aussi imminent qu'on se l'était persuadé d'abord, devinrent querelleurs et mutins : ils enfoncèrent toutes les caisses de provisions, s'emparèrent du vin et des liqueurs, et allèrent s'enivrer dans les entre-ponts. Quelques-uns en furent victimes, et peu de jours après on vit flotter sur le pont les cadavres de ces imprudents. Le capitaine Cheap sortit un des derniers de son vaisseau, et se fit porter à terre dans l'état le plus déplorable.

Il serait naturel de croire que des hommes échappés au danger de périr par un naufrage devaient regarder comme le comble de leurs vœux d'avoir atteint la terre;

c'était, à la vérité, un grand bonheur; mais leur condition n'en était guère moins fâcheuse.

La terre où le sort les avait jetés était déserte et stérile; pas la moindre trace de culture, pas d'autre moyen d'existence que les produits précaires et insuffisants de la pêche. Souffrant horriblement de l'humidité, du froid, de la faim, de la fatigue et des maladies qui les dévoraient, ils cherchèrent sur cette côte désolée un abri contre les inclémences de l'air. Ils eurent le bonheur de trouver une cabane indienne, située au milieu d'un bois; ils s'y transportèrent tous, et y passèrent une nuit assez mauvaise. Il leur fut impossible de goûter les charmes d'un sommeil réparateur. Outre qu'ils étaient entassés les uns sur les autres, et dans des attitudes fort gênées, ils entendaient un orage gronder sur leurs têtes, la pluie tombait par torrents, et, pour surcroît d'infortune, ils s'attendaient à être attaqués par les Indiens : les lances et les autres armes qu'ils avaient trouvées dans la cabane attestaient que la côte était habitée; mais ils ignoraient la force et les dispositions de cette peuplade.

Un de leurs compagnons, lieutenant d'invalides, mourut pendant cette nuit au milieu d'eux; deux autres, que le défaut d'espace avait obligés de se mettre à l'abri sous un grand arbre, furent trouvés mort le lendemain.

Tous étaient épuisés par la faim; quelques-uns n'avaient pas mangé depuis quarante-huit heures.

On visita les provisions qu'on avait sauvées du vaisseau; il se trouva que ces malheureux n'avaient pour toute subsistance que deux à trois livres de bi-cuit réduit en poudre. Quelques matelots se hasardèrent à sortir de la cabane malgré le mauvais temps : ils tuèrent une mouette (1), et cueillirent du céleri sauvage. On

(1) Oiseau de mer.

s'empressa de faire de tout cela une espèce de soupe.
Les gens de l'équipage la mangèrent avec avidité; mais
ils furent bientôt attaqués de douleurs d'estomac, de
nausées, de vomissements, et d'autres symptômes qui
leur firent craindre d'être empoisonnés. On attribua
cette indisposition à la mauvaise qualité des herbes, sur
la nature desquelles on croyait s'être mépris; mais on
en reconnut ensuite la véritable cause. Le sac où s'é-
taient trouvées les miettes de biscuit avait servi à mettre
du tabac; il en restait assez pour former un violent émé-
tique (1).

Les Anglais débarqués à terre étaient au nombre de
cent quarante. J'ai déjà dit que plusieurs matelots
avaient mieux aimé rester à bord, et s'y livraient à la
débauche la plus dégoûtante : du nombre de ces misérables ivrognes était le bosseman. Le capitaine Cheap
leur envoya un de ses officiers pour les déterminer à venir
les rejoindre; ils s'y refusèrent opiniâtrément.

Pendant la nuit il s'éleva de nouveau une tempête qui les
fit repentir de leur obstination, en menaçant de détruire
et de disperser d'un moment à l'autre les débris du bâtiment. Ils se montrèrent alors aussi empressés de se rendre
à terre qu'ils avaient d'abord affecté de répugnance à y
venir. Voyant qu'on n'envoyait pas de bateau à leur secours, et, sans réfléchir si cela était praticable ou non,
ils braquèrent un canon contre la cabane où se trouvaient leurs compagnons, et firent feu; le boulet passa
heureusement par-dessus le toit sans faire de mal.

Au point du jour on mit un bateau en mer; la vio-

(1) Le célèbre poète Santeuil est mort d'un empoisonnement de ce genre.
Il était à Dijon, dans le château du gouverneur de la Bourgogne : une
personne de la société, croyant ne faire qu'une plaisanterie, mit dans
son verre, pendant le repas, une forte dose de tabac d'Espagne : à peine
l'eut-il avalé, qu'il fut saisi d'une colique violente, qui l'emporta après
quatorze heures des douleurs les plus aiguës.

lence de la mer ne permit pas d'aborder le bâtiment.
Ceux qui s'y trouvaient devinrent furieux ; ils brisèrent,
comme des gens atteints de la rage, tout ce qui se trouvait sous leurs mains ; ils enfoncèrent toutes les chambres, tous les coffres ; ils volèrent et gaspillèrent les
effets qui ne pouvaient leur être d'aucune utilité. Ils
s'emparèrent surtout des armes et des munitions. L'un
d'eux qui voulut faire des représentations fut étranglé
par les autres.

M. Cheap, ayant enfin trouvé le moyen de les secourir,
les fit conduire à terre, et eut assez d'adresse pour s'emparer de leurs armes.

Le bosseman, chef de cette révolte, fut celui à qui le
capitaine voulut en faire supporter la punition. Cet
homme, d'un grade inférieur, était revêtu de superbes
habits d'officier qu'il avait volés.

M. Cheap lui appliqua un coup de canne si vigou-
reusement, qu'il le fit tomber par terre.

Après avoir retiré du vaisseau tous les effets et toutes
les provisions qu'il fut possible de sauver, on en forma
un magasin. M. Cheap fit dresser à cet effet une grande
tente auprès de la cabane indienne ; il en confia la surveillance à ses officiers. Malgré le soin qu'ils y appor-
taient, les matelots mettaient tout en usage pour s'in-
troduire furtivement dans la tente, et y voler tout ce
qu'ils pouvaient saisir. La sûreté commune obligeait de
leur infliger des châtiments rigoureux. Ces mesures sé-
vères indisposèrent tout l'équipage contre M. Cheap. On
se plaignait de la parcimonie avec laquelle on distribuait
les rations. Il est vrai qu'on ne leur donnait chaque jour
que ce qui était rigoureusement nécessaire pour soutenir le souffle d'existence qui leur restait. Tous les jours
la mort moissonnait de nouvelles victimes. Un des
mousses étant allé cueillir des légumes, et n'en ayant pu

trouver, aperçut sur la grève les restes à demi brisés d'un matelot qui s'était noyé dans les entre-ponts du vaisseau ; il arracha le foie de ce cadavre, et l'aurait fait cuire pour le manger, si ses camarades, s'apercevant de son horrible dessein, ne s'y fussent opposés.

La terre où nous nous trouvions, dit M. Byron, rédacteur de cette histoire, est à trois cent soixante kilomètres au nord du débouquement occidental du détroit de Magellan, par quarante-sept à quarante-huit degrés de latitude sud (1). Nous apercevions de loin les Cordillières ; mais nous ne pouvions savoir d'une manière précise si nous étions dans une île ou sur la terre ferme. Outre que le pays était couvert de bois et de hautes montagnes, et absolument impraticable, nous n'étions pas dans une position à chercher à faire des découvertes. L'intempérie du climat nous faisait souffrir beaucoup ; la côte, hérissée d'écueils et de brisants, offrait un spectacle effroyable.

Un jour, tandis que nous étions autour des débris du *Wager,* occupés à retirer la pinasse, qui s'était engagée dans les agrès, nous vîmes arriver à force de rames trois canots indiens. Nous eûmes assez de peine à les rassurer et à les déterminer à s'approcher ; on leur fit quelques présents, et on les mena au capitaine, qui les reçut également de son mieux.

La surprise que leur causèrent les objets nouveaux qu'ils voyaient, et surtout la blancheur de notre peau, nous fit conjecturer qu'ils n'avaient point encore eu de relations avec les Européens.

Ces sauvages, en nous quittant, nous laissèrent quelques moules qu'ils avaient pêchées. Ils revinrent deux

____

(1) Cette latitude correspond à celle de Paris dans l'hémisphère qui nous est opposé. On va voir combien le climat en est différent de celui dont nous jouissons.

jours après, et nous surprirent agréablement en nous apportant trois moutons. Nous leur achetâmes un ou deux chiens que nous fîmes rôtir pour les manger.

Peu de jours après, ils revinrent avec leurs femmes, demeurèrent quelque temps auprès de nous, et repartirent encore.

Toutes les fois que le temps le permettait, nous allions chercher quelques caisses de provisions parmi les débris du vaisseau : ces objets étaient recueillis soigneusement, et conservés dans la grande tente.

Tant de travaux, et le peu d'espoir d'améliorer notre condition, portèrent à son comble l'esprit d'insubordination et de révolte parmi les matelots.

Les uns se construisirent une hutte loin de leurs chefs ; les autres, déterminés à abandonner le capitaine, erraient à l'aventure dans le pays, sans aucun plan, sans idée arrêtée.

Quant à moi, voulant m'isoler de tous à la fois, je me bâtis une petite hutte, tout juste suffisante pour me loger avec un pauvre chien indien que j'avais trouvé dans les bois, et qui pourvoyait de lui-même à sa subsistance en allant chercher des écrevisses dans les basses eaux.

Cette créature m'était si attachée et était si fidèle, qu'elle ne laissait approcher personne de ma cabane sans le mordre. Mais, le dirai-je? dix des plus mutins de nos matelots, ayant formé le projet de nous quitter entièrement, voulurent, avant leur départ, assouvir leur vengeance par une lâcheté insigne. Ces misérables placèrent un demi-baril de poudre auprès de la tente où logeait le capitaine, y firent une traînée, et allaient consommer leur affreux complot, lorsqu'un d'entre eux éprouva des remords, et menaça de tout découvrir si l'on persistait dans le dessein de tuer le capitaine. Ils s'enfuirent aussitôt dans les bois, et virent qu'il leur était impossible d'échapper ; car nous n'étions pas sur le continent, comme ils l'avaient pensé, mais dans une île de seize à vingt kilomètres de longueur. Ils revinrent donc sur leurs pas, et s'arrêtèrent à quatre kilomètres de nous. Leur intention était de se procurer du bois pour faire un radeau, et de gagner la terre ferme. Avant qu'ils en vinssent à bout, nous eûmes le bonheur de rappeler à leur devoir l'armurier et un des aides du charpentier, qui avaient eu l'imprudence de faire cause commune avec eux. Ils furent encore abandonnés par un ou deux de leurs camarades : les autres se firent un canot avec les débris d'un mât du *Wager ;* ils s'y embarquèrent, et depuis nous n'en avons pas entendu parler.

Nous liâmes de plus en plus connaissance avec les naturels. Il en vint une cinquantaine, tant hommes que femmes et enfants, qui bâtirent leurs cabanes auprès des nôtres, et parurent prendre plaisir dans notre société. Si nous avions traité ces bonnes gens comme nous le devions, nous en aurions tiré de grands avantages, car ils nous fournissaient des vivres ; mais les gens de l'équipage, dont rien ne pouvait contenir les passions effrénées, voulurent insulter leurs femmes ; les Indiens, offensés, nous abandonnèrent à notre malheureux sort.

Ces femmes sont d'une adresse singulière à la pêche. Elles s'avancent dans leurs canots à une certaine distance dans la mer ; elles plongent, tenant entre les dents un petit panier ; elles demeurent sous l'eau un temps considérable, ramassant au fond tout ce qu'elles peuvent trouver : lorsque leur panier est plein, elles remontent, et continuent de plonger jusqu'à ce que leurs canots regorgent de poissons.

Toute notre espérance était désormais dans la pinasse, ou grande barque, mais elle était trop petite pour nous contenir tous. Le charpentier l'allongea de dix à onze pieds : il travailla près de deux mois à perfectionner son ouvrage.

Il s'agissait désormais de savoir quelle route on devait tenir. Bulkeley, canonnier du vaisseau, m'ayant vu entre les mains la relation du voyage de sir John Narborough, m'emprunta ce livre, et, après l'avoir lu, il pensa et persuada à beaucoup d'autres que le seul parti à prendre était de faire voile pour le détroit de Magellan.

Ce plan fut communiqué au capitaine, qui ne l'approuva pas : son dessein était de nous diriger au nord, et de chercher à prendre en route quelque bâtiment espagnol avec lequel nous pourrions rejoindre le commodore Anson. Dès ce moment il s'éleva deux factions bien prononcées, l'une en faveur de M. Cheap, l'autre en faveur de Bulkeley. M. Cheap ne heurta cependant pas avec trop de force l'opinion contraire à la sienne, et chercha à gagner du temps.

De cent quarante, nous étions réduits à une centaine : il n'était pas d'expédient que ne nous suggérât la faim qui nous tourmentait. Un jour, comme je rentrais dans ma hutte avec mon chien favori, un groupe de matelots me barra le passage : ils me dirent que, n'ayant rien à manger depuis plusieurs jours, ils voulaient absolument tuer mon chien.

Il y avait peu d'espoir de persuader des gens affamés. Je leur fis cependant la représentation que ce pauvre animal serait un repas bien chétif pour tant de personnes, et que sa fidélité, les services qu'il me rendait rendaient sa perte fort pénible pour moi. Sans m'écouter davantage, ils s'emparèrent de l'animal, le tuèrent et se mirent à l'apprêter. Comme j'avais pour le moins autant de droit qu'eux d'en prendre ma part, j'en mangeai quelques morceaux avec répugnance. Trois semaines après j'en retrouvai la peau et les pattes qu'on avait jetées de côté ; et, pressé par l'inanition, j'en fis du bouillon.

Un jeune matelot nommé Philps, ayant trouvé une futaille vide, l'arrangea en forme de barque, avec des morceaux de bois de chaque côté pour conserver l'équilibre, et alla en pleine mer chercher fortune sur cette singulière embarcation.

Avec ce secours, il allait à la chasse des oiseaux de mer, lorsque les autres mouraient de faim : il fallait qu'il fît bien mauvais temps pour l'empêcher de sortir.

Quelquefois il s'avançait très loin dans les baies, et restait toute la journée absent. Un jour, il chavira très loin du rivage ; quoiqu'il ne sût pas nager, il eut le bonheur de gagner un rocher sur lequel il grimpa : il y resta deux jours sans espérance d'être secouru, car nous ne pouvions l'apercevoir de la côte ; mais heureusement un bateau qui était allé prendre des oiseaux passa près de lui ; on remarqua ses signaux de détresse, et on le recueillit.

Cet accident ne le découragea point ; il remplaça son tonneau par un grand cuir de bœuf qui s'était trouvé dans un coin du vaisseau, et qu'on avait jeté à terre comme inutile. Philps le monta sur une carcasse, et en fit une espèce de canot indien.

Le grand bateau étant terminé, un parti alla reconnaître les côtes de cette île, que j'appellerai l'île Wager, et l'on avisa aux moyens de retourner en Europe par la voie la plus courte. M. Bulkeley, M. Jones et moi, nous allâmes à la découverte sur le canot, monté de dix hommes. Nous allâmes la première nuit dans un excellent port, où notre bonne fortune nous fit rencontrer une grosse chienne : on pense bien que nous fîmes un grand régal. Le reste de notre expédition fut contrarié par le mauvais temps et par les brisants. Le troisième jour, battus par la tempête, nous nous réfugiâmes dans la première crique ; nous dressâmes à terre une petite tente, et nous allumâmes du feu pour nous réchauffer.

Pendant notre absence, les esprits s'étaient aigris plus que jamais. Le parti de M. Cheap et celui de M. Bulkeley étaient continuellement aux prises. Dans une de ces violentes disputes, M. Cheap, à qui un contre-maître, nommé Cozens, osa manquer de respect, lui tira à bout portant un coup de pistolet, et lui fit une blessure dont cet homme mourut trois jours après. Ce trait de sévérité imposa quelques instants aux autres mutins ; mais ils complotèrent en secret le projet de déposer leur capitaine et de l'abandonner dans l'île.

Bulkeley était un homme doué d'une éloquence persuasive et entraînante ; il était estimé de tous les officiers, et aimé de tous les gens de l'équipage ; il avait toujours paru un des plus zélés et des plus actifs pour le bien commun. L'opinion qu'on avait de ses lumières et de la droiture de ses intentions lui assurait la confiance générale : il finit par ranger tout le monde à son avis. On fit un mémoire qu'on présenta à M. Cheap ; mais le capitaine, persistant à trouver extravagantes les raisons qu'on lui donnait, déclara qu'il persévérait dans sa première idée.

Le lieutenant Beaus et le capitaine Pomberston, commandant des troupes de terre, qui avaient contre M. Cheap des ressentiments particuliers, prirent le parti de secouer le joug de son autorité. Pomberston, à la tête de sa troupe, se présenta aux matelots, et leur dit : « Mes enfants, je vous demande main-forte pour mettre aux arrêts le sieur Cheap, en punition du meurtre commis par lui sur la personne de Cozens. »

Il protesta ensuite que ce n'était point l'animosité qui le faisait agir avec tant de rigueur ; mais son devoir, pour n'être pas responsable de ce crime à son retour en Angleterre.

La proposition fut reçue avec de grandes acclamations, et il fut convenu qu'on surprendrait le lendemain matin M. Cheap dans son lit.

Ce fut le vendredi 9 octobre que cet odieux complot s'exécuta. M. Cheap fut surpris par des matelots qui entrèrent brusquement dans sa tente, se jetèrent sur lui, lui enlevèrent ses armes, et se saisirent de ses effets. Il fut conduit malgré ses remontrances dans une autre tente.

L'intention des révoltés était de le mener prisonnier en Angleterre. M. Cheap ayant demandé pour toute grâce qu'on voulût bien le laisser dans l'île, où il se tirerait d'affaire comme il pourrait, Bulkeley lui-même déféra à sa demande, sentant d'ailleurs combien cette affaire deviendrait épineuse à leur arrivée, s'ils amenaient leur capitaine prisonnier.

Un autre officier, nommé Hamilton, et le chirurgien obtinrent la permission de rester avec cet infortuné capitaine. Quant à M. Campbell, à qui l'on avait donné le commandement de la chaloupe destinée à accompagner le grand bateau, et qui avait ses vues particulières, il prit congé de M. Cheap. Je servais sous les ordres de M. Campbell.

Le commandement fut donné au lieutenant Beaus, et l'on arrêta des articles de discipline.

Le 12 octobre nous lançâmes le grand bateau, que l'on nomma *Spedwel* ou *l'Heureux-Départ*. On laissa à M. Cheap des munitions et des provisions, tant pour lui et ses compagnons d'infortune que pour sept ou huit déserteurs qui erraient dans l'île, et qui aimaient mieux chercher péniblement des moyens de subsistance que de courir les hasards d'une navigation périlleuse.

Le 13, au moment de mettre à la voile, M. Cheap conversa amicalement avec Bulkeley, lui recommandant, lorsqu'il serait arrivé en Angleterre, de faire un rapport fidèle et sans passion de tout ce qui s'était passé; et après lui avoir serré affectueusement la main, il lui souhaita un bon et heureux voyage.

Nous partîmes au nombre de quatre-vingt-un, savoir: cinquante-neuf sur la grande barque, douze dans la chaloupe, et dix dans le canot.

En sortant de la baie, la voile de misaine du grand bateau se déchira, et il eût été infailliblement brisé contre les écueils, si les gens des deux chaloupes ne fussent venus à son secours. Ce danger n'était qu'un avant-coureur de beaucoup d'autres qu'il fallut essuyer dans la suite.

Que le grand bateau arrivât sain et sauf en Angleterre, cela n'était point hors du cercle des événements possibles; mais il y aurait eu de la témérité à penser que nous pussions braver avec notre faible chaloupe les périls d'une aussi longue navigation. J'avais conçu l'arrière-pensée d'aller rejoindre au plus tôt M. Cheap dans l'île Wager, et de nous servir de la chaloupe pour gagner, s'il était possible, les côtes de l'Amérique. L'exécution de mon projet n'était pas facile, car on nous surveillait de près; il nous était défendu de nous écarter hors de la portée de fusil, et l'on nous avait donné peu de vivres, pour nous mettre encore plus dans la dépendance des hommes du grand bateau.

Un heureux hasard me fournit l'occasion de m'échapper. L'accident arrivé à la voilure de la barque obligea M. Beaus d'envoyer chercher dans l'île Wager de la toile à voile qu'on y avait oubliée. La chaloupe fut chargée de cette commission, et, chemin faisant, M. Campbell et moi nous persuadâmes aux gens de la chaloupe que le parti le plus sage était de rentrer sous l'obéissance de M. Cheap.

Nos camarades ne nous voyant pas revenir, soit qu'ils soupçonnassent la vérité, soit qu'ils nous crussent échoués sur les récifs, continuèrent leur route, ainsi que nous l'avions prévu.

M. Cheap et ses compagnons ne furent pas peu surpris de nous revoir. Abandonnés pour jamais dans cette île, suivant toutes les apparences, ils ne désespéraient cependant pas d'en sortir. Toute leur occupation pendant les premiers jours fut de ramasser des coquillages, pour épargner le peu de provisions qu'ils avaient en réserve. Nous étions douze en tout, et nous ne tardâmes pas à nous trouver vingt, grâce à la clémence de M. Cheap, qui permit aux huit déserteurs de venir le rejoindre. Quoique dans une situation semblable le nombre de bouches pût être à charge, la multitude des bras était encore plus nécessaire.

Outre la chaloupe que nous avions ramenée, il restait encore un petit canot en mauvais état, que Beaus et ses adhérents n'avaient pas jugé utile d'emporter ; ces deux embarcations furent réparées, et nous n'attendîmes plus qu'un temps favorable pour sortir de l'île Wager et suivre le plan du capitaine.

Nous profitâmes d'un beau jour pour visiter encore une fois ce qui restait des débris du vaisseau ; nous eûmes le bonheur de repêcher trois tonneaux de bœuf salé. Cette découverte ranima nos cœurs et notre espérance.

Le dessein du capitaine Cheap était de faire route, s'il était possible, pour l'île Chiloé, et de tâcher d'y surprendre quelque vaisseau espagnol.

Nous lançâmes à l'eau les deux bâtiments, et y transportâmes nos effets et nos provisions. M. Cheap, le chirurgien et moi, nous nous mîmes avec neuf hommes dans la chaloupe ; le lieutenant Hamilton et M. Campbell s'embarquèrent sur l'esquif.

A peine étions-nous en mer depuis deux heures que le vent souffla avec violence, et que la mer devint excessivement grosse ; il ne nous fut pas possible de continuer notre route vers un cap que nous apercevions souvent du haut des montagnes de notre île, et qui ne paraissait éloigné que de quatre-vingts à cent vingt kilomètres.

Les hommes des deux bateaux étaient obligés de se tenir serrés l'un contre l'autre, afin que, les vagues se brisant sur eux, il pénétrât moins d'eau dans l'intérieur de chaque chaloupe. Il nous fallut jeter dans l'eau tout ce que nous avions, même notre provision de bœuf, pour ne point enfoncer. La nuit arriva, et les courants nous entraînèrent sur une côte très basse, où la mer se brisait d'une manière épouvantable. A chaque minute nous nous attendions à une fin misérable, lorsque, ayant aperçu une petite ouverture entre les rochers, nous y entrâmes, et trouvâmes une mer aussi unie que l'eau d'un étang. L'esquif, que nous avions depuis longtemps perdu de vue, était arrivé avant nous, et notre réunion fut on ne peut plus agréable.

Je ne parlerai pas des pluies violentes qui tombaient, du froid qui engourdissait nos membres ; tout cela n'était rien en comparaison de l'affreuse perspective qui s'offrait à nos regards. Que devenir dans cette contrée sauvage, située à deux cents kilomètres de l'île Wager, et qui nous faisait regretter notre ancienne habitation ?

Nous poursuivîmes cependant notre pénible voyage. Tous les soirs nous couchions à terre, dans les îles qui sont en grand nombre sur cette côte, sans y trouver rien, ou presque rien pour satisfaire notre faim dévorante. Une nuit, l'esquif fut emporté par un coup de vent, et chavira : de deux hommes qui s'y trouvaient, un se noya, l'autre fut sauvé par ceux qui étaient à terre.

Nous restions plus de monde que la chaloupe ne pouvait en contenir, il fallait absolument abandonner quatre de nos camarades. Ceux sur qui le sort tomba n'en parurent nullement affectés : tant les maux passés et ceux que nous avions encore à souffrir jetaient d'indifférence et de découragement dans nos esprits ! Le capitaine distribua à ces malheureux des armes, des munitions et d'autres objets de nécessité.

Les courants nous poussaient sans cesse contre les récifs, et je ne me souviens pas d'avoir vu de ma vie une mer aussi houleuse que celle de ces parages. Les vagues s'élevaient hautes comme des montagnes, à un demi-mille de la côte. Nos marins, voyant l'impossibilité d'atterrir et de franchir les brisants, cessèrent d'agiter leurs rames jusqu'au moment où ils arrivèrent sur les limites des brisants. Je crois que leur intention était de mettre un terme à tous nos maux. Personne ne disait mot: Enfin le capitaine Cheap leur déclara que sous peine de périr dans une minute il fallait reprendre le large ; au surplus, il ajouta, le cœur ulcéré, qu'ils feraient ce qu'ils voudraient. Les rameurs firent alors quelques efforts, et nous tirèrent de ce mauvais pas; mais ils ne purent venir à bout de doubler le cap. Nous relâchâmes le soir dans une baie, et fûmes contraints encore d'y abandonner quatre de nos compagnons. Si la barque eût contenu plus de seize personnes, elle eût infailliblement péri.

Nous nous arrêtâmes quelque temps dans ces parages pour tuer des veaux marins et des lions de mer, seule subsistance qui nous fût offerte.

Nous aperçûmes sur le rivage d'une des îles une grande caverne qui paraissait s'étendre fort profondément sous

un massif de rochers. Quoique cette grotte fût évidem-
ment l'ouvrage de la nature, il paraissait cependant que
l'art avait travaillé à en rendre l'accès plus facile.

Le chirurgien balança quelque temps à y entrer, craignant d'y trouver quelque bête féroce ; cependant, la
curiosité l'ayant emporté sur la crainte, il s'y introduisit
en rampant et en suivant un passage fort étroit. Il arriva
à un espace plus étendu, à une espèce de chambre qui
recevait le jour d'en haut par une crevasse de rocher. Il
vit dans cette grotte un monument funèbre ; c'était une
plate-forme faite de bâtons entrelacés, soutenue par des
pieux hauts de un mètre soixante centimètres, et sur laquelle étaient étendus cinq ou six cadavres. Ces corps
semblaient être là depuis longtemps, quoiqu'ils eussent
éprouvé peu d'altération. On ne les avait point couverts.
Leur chair était parfaitement sèche et endurcie. L'état
de ces momies était-il dû à un embaumement, à un secret particulier des sauvages du pays, ou bien à l'action
atmosphérique de cette grotte? C'est ce que le chirurgien
ne put décider. D'ailleurs le véritable but de ses recherches était de découvrir quelque chose à manger : il
avait espéré trouver dans cette caverne quelque magasin
de vivres amassés par les sauvages ; et il s'occupait peu
d'observations qui en d'autres circonstances auraient fixé
son intérêt.

Au-dessous de ces cadavres il y en avait encore
d'autres rangés de la même manière. C'était sans doute
un lieu destiné à la sépulture des caciques ou chefs indiens ; mais on n'apercevait dans les environs aucune
trace d'habitation.

Voyant qu'il ne nous servait à rien de parcourir ces
îles, et que nous nous éloignions du but au lieu de nous
en rapprocher, nous prîmes la résolution de retourner
dans l'île Wager. Le long séjour que nous avions fait

dans cette île nous la faisait regarder comme une autre patrie, et les incommodités que nous avions souffertes depuis notre départ nous persuadèrent que nous y serions moins mal que partout ailleurs.

Nous y arrivâmes excédés de fatigue, et après une absence de plus de deux mois, n'ayant rien mangé depuis plusieurs jours que des herbes marines et des coquillages.

La première chose que nous fîmes en arrivant fut de pourvoir à la sûreté de notre chaloupe ; ensuite nous rentrâmes dans nos cabanes : nous remarquâmes avec surprise que les clous qui attachaient la plupart des planches avaient été arrachés. Nous en conclûmes que pendant notre absence l'île avait été visitée par une tribu d'Indiens différents de ceux que nous avions vus jusqu'alors ; car ceux-ci ne faisaient aucun cas du fer. Les nouveaux venus avaient certainement des communications avec les Espagnols, et avaient appris d'eux l'emploi de cet utile métal.

Notre conjecture ne tarda pas à se vérifier. Vers le milieu du mois de février 1742, il arriva deux canots indiens. Parmi les sauvages qui nous visitaient, et qui furent bien surpris de nous trouver là, il y avait un Indien de la tribu des *Chomos*, qui habite une île voisine de l'île Chiloé, sur la côte occidentale d'Amérique, et sous la domination des Espagnols.

Cet homme parlait la langue espagnole ; mais il y mêlait l'accent de son pays, ce qui rendait ses discours assez difficiles à entendre. Il était cacique ou roi de sa tribu ; et les Espagnols eux-mêmes l'avaient investi de cette qualité. Il portait une longue baguette à pomme d'argent, qui est, dans toutes les possessions espagnoles, la marque de l'autorité civile ou militaire.

Notre chirurgien, M. Elliot, qui savait prononcer

quelques mots espagnols, nous servit d'interprète auprès du cacique, et lui fit comprendre que notre intention était d'arriver, si nous pouvions, dans quelque colonie espagnole ; que nous désirions pour cela connaître
la route la meilleure et la plus sûre, et les moyens de
vivre pendant la traversée. Nous lui promîmes de lui
faire présent de notre chaloupe, en retour de ses bons
offices.

Le cacique se laissa enfin persuader de nous prêter son
secours à ces conditions : nous nous embarquâmes en
conséquence dans la chaloupe, au nombre de quinze personnes, y compris le cacique, nommé Martin, et son
homme de confiance, appelé Emmanuel.

Le lendemain il nous conduisit au fond d'une grande
baie, où le cacique avait laissé sa famille, composée d'une
femme et de deux enfants. Nous y restâmes deux à trois
jours, pendant lesquels nous nous occupâmes à chercher
des coquillages sur la côte.

Notre guide nous fit enfin, après beaucoup de peines
et de souffrances, atteindre une petite île, qui est environ à cent vingt kilomètres au sud de Chiloé. Nous y
séjournâmes deux fois vingt-quatre heures, pour nous
disposer à franchir avec plus de succès un bras de mer
où le courant était si rapide, que notre guide frissonnait
de la témérité de notre entreprise. Cependant nous en
vînmes à bout ; des couvertures que nous avions tendues
nous servaient de voile. Pendant la traversée, une des
planches du fond de la barque se fendit, et l'eau entra
avec rapidité dans notre frêle esquif... Malgré ce contre-
temps nous réussîmes à gagner la côte, et nous atterrî-
mes dans la partie déserte de Chiloé.

Il est impossible de donner une idée du déplorable état
auquel nous nous trouvions réduits ; nous étions si mai-
gres, que nous avions l'air de squelettes. Plus d'une fois

pendant la nuit, par un froid rigoureux, lorsque la pluie et la neige pénétraient dans nos cabanes comme si nous eussions couché en plein air, je m'étais vu obligé de me dépouiller des misérables haillons qui me couvraient, parce que la vermine dont ils étaient remplis m'empêchait de fermer l'œil, et que le froid me semblait encore moins insupportable.

Ce genre de souffrance était dix fois plus cruel que la faim. Encore étions-nous d'une propreté extrême en comparaison du capitaine Cheap ; car je ne puis mieux comparer son corps qu'à une fourmilière où des milliers d'insectes s'étaient logés sans que rien pût les en chasser. Les douleurs de sa chute l'avaient d'abord forcé de se négliger ; ensuite ses inquiétudes, ses souffrances morales l'avaient tellement accablé, qu'il était comme un idiot : il avait oublié nos noms et se souvenait à peine du sien. Sa barbe était longue et toute mêlée ; elle était, ainsi que tout son visage, couverte d'une crasse épaisse d'huile puante et d'ordures, parce qu'il s'était accoutumé à prendre pour oreiller un sac où il conservait des lambeaux de chair de veau marin. Par cette méthode prudente, il empêchait qu'on ne lui volât pendant son sommeil ce précieux sac, sur lequel se fondait la subsistance commune. Enfin, quoique dans tout le reste du corps il n'eût plus que la peau et les os, ses jambes s'étaient prodigieusement enflées.

Le cacique avait enfoui sous terre tout ce qu'il avait enlevé des débris du *Wager* et de nos cabanes, afin de le cacher aux Espagnols, qui ne lui auraient pas laissé un vieux clou, s'ils l'avaient su en sa possession.

Sur le soir, nous nous mîmes en marche, et vers neuf heures, à notre inexprimable joie, nous découvrîmes de loin quelque chose qui ressemblait à une maison. C'était la cabane d'un Indien, ami de notre cacique. Celui-ci, à qui j'avais confié mon fusil de chasse, me pria d'en faire l'essai en route. Je fis feu, et le cacique, effrayé, tomba à terre. Les Indiens de la cabane, à qui le bruit des armes à feu était également étranger, n'eurent pas moins d'effroi et s'enfuirent dans la forêt voisine. L'un d'eux, plus hardi, gravit une petite colline, et nous demanda qui nous étions et ce que nous voulions. Le cacique se fit connaître, et les Indiens accoururent à notre bateau, nous apportant du poisson et quantité de patates. Nous n'avions rien mangé d'aussi délicieux depuis bien des mois. Après notre repas, nous continuâmes à naviguer le long de la côte, et arrivâmes à un village indien. Le cacique éveilla tous les habitants, et nous fit faire un bon feu ; car on était dans le mois de juin, qui est le cœur de l'hiver de ce climat.

Les bons Indiens nous entourèrent et écoutèrent avec le plus vif attendrissement le récit que le cacique leur fit de ce qu'il savait de nos aventures. Ils ignoraient de quel pays nous étions, et le cacique ne pouvait les en instruire.

Il nous avait démandé souvent si nous étions Français, Anglais ou Hollandais, car ces nations et les Espagnols étaient les seuls qu'il connût. Nous lui avions constamment répondu que nous étions habitants de la *Grande-Bretagne,* ne voulant point avouer que nous étions Anglais ; car, s'il l'avait découvert, il n'aurait jamais voulu conduire à l'île Chiloé des hommes en guerre avec les Espagnols.

Ces bonnes gens s'efforçaient à qui nous montrerait le plus de soins : ils firent à M. Cheap un lit de peaux de mouton, et l'on peut dire que sans leur assistance il n'eût pas eu trois jours à vivre.

Ce qu'il y eut de plus fâcheux, c'est qu'il nous fut impossible de reconnaître, comme nous l'avions promis, la générosité du cacique. Six de nos camarades s'emparèrent furtivement de la chaloupe, et remirent en mer sous la conduite d'un jeune Indien. On n'en a jamais eu de nouvelles depuis.

Nous nous dédommageâmes en cet endroit de notre longue abstinence. Aucun Indien ne nous abordait qu'il n'apportât des provisions, et nous dévorions tout avec un insatiable appétit.

On envoya un exprès au corrégidor espagnol de la ville de Castro pour l'avertir de notre arrivée. Le messager revint trois jours après, apportant au cacique du pays l'ordre de nous conduire à Castro.

Lorsque nous arrivâmes dans la maison du corrégidor, nous la trouvâmes remplie de curieux. Ce magistrat était un homme âgé, d'une taille élancée, vêtu d'un long manteau, affublé d'une énorme perruque, et traînant à son côté une longue rapière espagnole. Il nous reçut avec beaucoup de cérémonial ; mais faute d'interprète nous ne comprîmes pas un mot de l'interrogatoire qu'il nous fit subir.

Il nous fit servir un grand souper de jambon et de volailles froides ; trois seulement d'entre nous se mirent à table, et mangèrent autant que dix hommes. Il est surprenant que les excès que nous fîmes ne nous aient pas tués. Rien ne pouvait nous rassasier, et, pendant plusieurs mois consécutifs, nous remplissions nos poches de tout ce qui nous tombait sous la main, afin de le manger pendant la nuit. Le capitaine nous disait qu'il avait honte de sa conduite.

Après le souper, le corrégidor nous fit conduire au collège des jésuites, escortés de soldats et suivis de toute la populace de la ville. Ce lieu devait nous servir de prison jusqu'à nouvel ordre. Nous nous couchâmes sur des nattes étendues à terre, et l'on nous donna à chacun une vieille chemise qui nous fut un grand soulagement. Le lendemain matin, le supérieur du couvent manda le capitaine Cheap, et ils conversèrent en latin : ils eurent assez de peine à s'entendre ; cependant on se comprit sur les points les plus essentiels.

Il ne fut pas question de religion dans cette première entrevue ; mais, quelques jours après, le corrégidor, ayant appris que nous étions protestants, sollicita les jésuites d'entreprendre notre conversion. Ces bons pères répondirent qu'il serait inutile de s'en occuper dans la triste position où nous nous trouvions, mais que, lorsque nous serions transportés dans les plaines riantes du Chili, nous serions plus disposés à embrasser le culte catholique.

Nous restions tout le jour enfermés dans notre chambre jusqu'à midi. Lorsque le son de la cloche annonçait le dîner, on nous conduisait dans le réfectoire, où il y avait une table pour les religieux et une pour nous. Avant le repas, on faisait une longue prière latine, et nous mangions en silence tout ce qu'on nous servait ; le repas se terminait également par une prière latine, et ce régime n'accommodait pas trop nos turbulents marins.

Nous passâmes ainsi huit jours sans prendre le grand air, et nous nous serions aisément cru hors de ce monde ; car, excepté le son de la cloche, il régnait dans ce séjour un aussi morne silence que s'il eût été inhabité.

Dans la soirée du huitième jour, nous vîmes arriver un jeune officier qui venait nous chercher de la part du gouverneur de Chaco.

Nous fûmes traités dans cette ville avec la plus grande civilité, et l'on nous permit d'aller chez tous les habitants qui voudraient bien nous recevoir.

Après une succession de bonnes et de mauvaises aventures, le président de l'audience de Santiago, capitale du Chili, envoya chercher le capitaine Cheap et M. Hamilton, qui, ayant eu le bon esprit de conserver leurs brevets, étaient reconnus comme officiers. Quant à M. Campbell et à moi, qui avions perdu les nôtres, on nous laissa en prison comme de simples matelots.

Il y avait à cette époque plusieurs vaisseaux marchands en déchargement dans le port de Lima, de sorte qu'il en partait presque tous les jours des mules chargées pour Santiago ; à la sollicitation de M. Cheap, le gouverneur ordonna à l'un des maîtres muletiers de nous conduire dans la capitale. Cet homme lui demanda qui le défrayerait de nos dépenses : le gouverneur répondit qu'il ferait comme il pourrait ; que pour lui, il n'avancerait pas une obole.

Le généreux muletier céda cependant aux instances et aux promesses de M. Cheap, et nous eûmes pareillement à nous louer des bons procédés d'un soldat de la garnison. Cet homme, qui nourrissait de sa modique paye une femme et six enfants, employa tout son pouvoir à rendre notre détention moins rigoureuse, et nous fit de petits présents quand nous partîmes.

Nous arrivâmes à Santiago sur des mules, après un trajet de plusieurs jours. Le président nous reçut avec affabilité, et nous logea dans la même maison que MM. Cheap et Hamilton ; ils étaient chez un médecin écossais nommé don Patricio Gedd, et qui s'était fait naturaliser Espagnol.

Trois jours après, nous dînâmes chez le président avec l'amiral Pizarro et plusieurs officiers de sa flotte (1). Un de ces officiers, nommé don Manuel de Guirro, nous traita

_____

(1) Cette flotte, envoyée à la poursuite de celle d'Anson, manqua complètement son but, et fut, comme l'escadre anglaise, dispersée par les vents et la tempête. Le vaisseau amiral sur lequel Pizarro revenait en Europe fut au moment d'être pris, et son équipage d'être massacré par des Indiens qui se trouvaient à bord.

en ennemi généreux. Il offrit de nous prêter une somme
de deux mille piastres, quoiqu'il eût peu d'espoir de la
recouvrer jamais. Nous ne voulûmes pas abuser de ce
noble procédé, et nous nous contentâmes d'accepter cinq
cents piastres, pour lesquelles nous lui donnâmes une
traite sur le consul anglais de Lisbonne. Nous eûmes soin
de nous pourvoir d'habits décents à la mode du pays ; et,
comme nous étions prisonniers sur parole, nous eûmes
le loisir de nous promener dans la ville.

Après deux ans de séjour à Santiago et d'une captivité
aussi douce qu'on puisse la désirer, nous nous embarquâmes sur la frégate *le Lys*, qui conduisait en Europe
don Georges-Juan et don Antonio de Ulloa. M. Campbell
préféra nous quitter, et revenir dans son pays par une
autre voie. Le 31 octobre nous arrivâmes dans le port de
Brest, où l'on nous retint comme prisonniers. Notre séjour
à fond de cale, et dans une obscurité continuelle sans
chandelle et sans feu, quoique l'on fût en hiver ; ce séjour, dis-je, n'était rien moins qu'agréable. Il y avait
déjà huit jours que nous étions dans cette fâcheuse position, lorsqu'on nous tira de là pour nous conduire à
Landernau avec un transport d'autres prisonniers anglais. Nous eûmes alors la ville pour prison, jusqu'au
moment de notre échange.

Je profitai de l'occasion d'un vaisseau hollandais qui
devait s'arrêter à Douvres et nous y déposer. Le patron
se fit payer d'avance. Pendant neuf jours les vents con-
trarièrent sa marche, et le patron, fâché d'avoir perdu
tant de temps, allait poursuivre directement sa route
sans remplir ses engagements et sans toucher à Douvres.
Heureusement nous rencontrâmes une frégate anglaise
qui nous recueillit et nous conduisit sur le sol anglais.

Nous louâmes des chevaux de poste, afin d'aller rejoindre nos familles à Londres. Dès le milieu du jour,

M. Cheap se troüva fatigué et ne put se tenir à cheval. Il fut convenu que M. Hamilton et lui prendraient une chaise de poste, et que je continuerais à courir sur un cheval de selle. Il y avait à ce projet un petit inconvénient, c'était le manque d'argent ; cependant nous partageâmes le plus également possible ce que nous avions d'espèces. Ma part était si petite, qu'après avoir soldé les frais de poste il ne me restait pas un sou pour payer des rafraîchissements dans les auberges, ni même pour acquitter les droits de barrière (1). Je supportai de mon mieux le défaut de vivres ; et quant aux droits de passage, je les fraudai en passant au grand galop, malgré les clameurs des commis.

A peine entré dans la ville, je pris une voiture de place pour me conduire à l'endroit où demeurait ma famille lorsque j'étais parti de Londres : quelle fut ma douleur en trouvant la maison fermée ! Pendant ma longue absence je n'avais reçu aucune nouvelle de mes parents ; je ne savais s'ils étaient morts ou vivants, et s'ils demeuraient ailleurs ; je n'avais pas même de quoi payer ma voiture. Je me rappelai heureusement une boutique de marchand de draps où ma famille faisait ses emplettes ; je me fis connaître des personnes de la boutique, et elles payèrent le cocher. Elles me donnèrent des renseignements sur ma famille, et me dirent que ma sœur avait épousé lord Carlisle, et demeurait dans Soho-Square (place de Londres). Je me rendis aussitôt à l'hôtel de mon beau-frère : le portier, à qui ma figure était suspecte, et qui avait peine à reconnaître un parent de lord Carlisle dans un homme habillé moitié à la française,

(1) Il y a sur les routes d'Angleterre, comme aujourd'hui sur les nôtres, des bureaux où l'on perçoit des droits de passe sur les chevaux et les voitures. Les chariots payent en proportion de leur poids, et cette pesanteur est évaluée au moyen de bascules nommées *turnpikes*.

moitié à l'espagnole, et dont les bottes fortes étaient enduites d'une croûte de boue, eut beaucoup de peine à me laisser entrer.

Je ne chercherai point à décrire la surprise et la joie que ma sœur éprouva en me revoyant. Son premier soin fut de me remettre une somme d'argent pour m'habiller d'une manière présentable, et ce fut seulement en ce moment plein de charmes que je pus regarder comme terminée une longue suite de misères et d'aventures qui tiennent du merveilleux.

De tous ceux qui s'étaient attachés à la fortune du capitaine Cheap, il n'en revint que trois en Europe, M. Elliot, le chirurgien, étant mort pendant la traversée.

Les hommes qui s'étaient sauvés sur le grand bateau ne furent pas plus heureux que nous ; ils débarquèrent sur plusieurs points du détroit de Magellan, et souffrirent horriblement de la famine.

La barque, assaillie par une tempête tandis qu'elle était à l'ancre dans une baie, fut obligée de prendre le large et d'abandonner huit hommes qui étaient restés à terre. On jeta à la mer un tonneau que l'on remplit d'habits, d'armes à feu, de poudre, de balles de chandelles, et de quelques vivres, avec une lettre pour informer ces malheureux du danger où était la barque et qui contraignait à les abandonner. Les Anglais de la barque virent de loin leurs infortunés compagnons se saisir du tonneau que les flots avaient poussé sur le rivage, le défoncer, et après la lecture de la lettre se jeter à genoux et pousser des cris qui tenaient du désespoir.

Ce qui pouvait adoucir la rigueur de cet abandon, c'est qu'ils étaient dans un pays bien pourvu de vivres, et qu'ils trouveraient infailliblement des habitants.

Les premiers (ceux de la barque) eurent le bonheur d'arriver au Brésil, où on leur fournit les moyens de passer en Europe. Les autres ayant entrepris de se rendre par terre à la colonie espagnole de Buenos-Ayres, pour y demander eux-mêmes des fers et être traités comme prisonniers de guerre, furent arrêtés par les Indiens-Patagons. Ce fut pour eux une bonne fortune ; car trois d'entre eux n'en arrivèrent que plus facilement à Buenos-Ayres ; les cinq autres périrent misérablement des fatigues de la route.

demanda qu’on leur jetât quelques armes ; on tourna sa
demande en ridicule : « Vous savez où vous allez, lui
répondit-on ; vous n’avez pas besoin d’armes. » Cependant quelques-uns des matelots, moins inhumains que
les autres, leur jetèrent quatre sabres, quelques morceaux de porc salé et des habits.

M. Bligh remarqua que les révoltés n’étaient pas sans
inquiétude sur leur sort ; ils paraissaient craindre que la
chaloupe n’abordât en lieu de sûreté, et que, sur la dé-
nonciation de leurs chefs, ils ne fussent retrouvés. Les
effets des remords furent sensibles chez Christian, que
M. Bligh avait toujours traité comme un ami. L’infortuné lieutenant lui ayant demandé si c’était ainsi qu’il
le récompensait de toutes les preuves de bonté qu’il lui
avait prodiguées, Christian, attendri par cette question,
garda quelques instants le silence, et répondit : « Lais-
sez-moi, capitaine Bligh : l’enfer est dans mon cœur. »
Tant il est vrai que la première punition du crime est
dans les tourments intérieurs auxquels il livre le cœur
des méchants !

Les personnes de la chaloupe réussirent à se procurer,
sans beaucoup d’obstacles, du fil tors, de la grosse toile,
des voiles, des cordages et un tonneau contenant environ cent litres d’eau, soixante-quinze kilogrammes de
pain, un peu de rhum et du vin. Ils prirent de plus un
quart de cercle, une boussole, le journal du capitaine, et
et quelques papiers importants.

Les mutins eurent la barbarie de traîner à la remorque
la chaloupe, qu’ils avaient attachée au vaisseau avec une
corde. Ils jouissaient ainsi du barbare plaisir d’insulter
lâchement leurs chefs et leurs camarades qu’ils croyaient
dévoués à une mort certaine ; lorsqu’ils furent las de les
bafouer, ils abandonnèrent le frêle esquif à l’immensité
des mers.

Nos jeunes lecteurs croiront peut-être qu'il ne tenait qu'à M. Bligh et aux siens de s'affranchir beaucoup plus tôt de cette humiliation en coupant la corde ; mais l'espérance ne s'éteint qu'à la dernière extrémité dans le cœur des malheureux. Ils croyaient toujours que la compassion et le repentir des mutins l'emporteraient sur leur méchanceté.

Lorsqu'ils furent séparés du *Bounty*, ils observèrent que les révoltés se dirigeaient vers Otaïti. Ces misérables avaient été, en effet, séduits, pendant leur séjour, par les promesses et les caresses des habitants. L'utilité dont le capitaine Cook avait été dans son dernier voyage aux peuples de certaines îles, contre les nations ennemies, avait fait juger à ces insulaires qu'il était d'une bonne politique d'avoir des Européens dans leurs intérêts. Aussi avaient-ils mis tous les moyens en usage pour engager les Anglais à rester parmi eux : ils n'avaient pas eu beaucoup de peine à gagner des gens charmés par la beauté et la douceur du climat, et qui ne demandaient pas mieux que de rester dans un pays où ils comptaient pouvoir vivre sans avoir besoin de travailler. Ces hommes égarés concertèrent donc leurs mesures, et ne les mirent à exécution que lorsqu'ils furent en pleine mer, tant ils redoutaient l'énergie et l'influence de leur commandant.

Revenons à M. Bligh et à ses dix-huit compagnons de détresse, voguant sur l'immense océan Pacifique, sans autre secours que les observations précédentes du lieutenant, qui avait fait partie de la dernière expédition de Cook.

Ils se dirigèrent sur l'île de Tofoa, et l'atteignirent le 28 avril ; ils atterrirent dans une petite anse sablonneuse, pour y faire de l'eau ; mais ils ne purent se procurer que de l'eau saumâtre. On gravit avec les plus grands dangers des roches escarpées où se trouvaient des cocotiers. On vint à bout de recueillir vingt noix de coco que l'on descendit dans la chaloupe avec des cordes. Il y en eut une pour chaque personne.

Le lendemain, M. Bligh, accompagné de quelques personnes, fit une excursion dans l'intérieur du pays. Les naturels avaient placé de longues perches le long des précipices qui bordent la mer, afin de s'en faciliter la descente; les Anglais se servirent de ce secours pour les escalader. Ils ne découvrirent que quelques huttes actuellement désertes, mais qui semblaient avoir été récemment habitées. Au delà, ils aperçurent sur une montagne un volcan terrible, qui, d'après la sécheresse du pays environnant et l'état de la lave, leur parut être en éruption continuelle. Nos voyageurs revinrent le soir, très fatigués, vers leurs compagnons, ne rapportant d'autre fruit de leur course pénible que quatre petites charges de plantain et dix *gallons* d'eau. On fit un souper que la disette rendit nécessairement très frugal, et l'on s'endormit auprès d'un bon feu.

Nos lecteurs trouveront peut-être surprenant que sous un climat chaud on soit obligé de faire du feu pendant le printemps et même au cœur de l'été; mais cela est indispensable pour deux raisons : d'abord, il y a une si grande différence entre la température du jour et celle de la nuit, que celle-ci paraît plus fraîche qu'elle ne l'est réellement; ensuite, on n'a pas d'autre moyen d'écarter les cousins et les moustiques. Les Indiens, demi-nus, qui habitent de misérables huttes dans les îles de la mer du Sud, sont continuellement au milieu de la fumée, et il en résulte pour eux divers inconvénients graves.

Le lendemain matin, on découvrit plusieurs naturels qui suivaient des routes différentes : deux d'entre eux accompagnèrent le détachement jusqu'à la crique, ap-

portant deux cocos remplis d'eau. Ils furent si satisfaits
de l'accueil qu'on leur fit, qu'ils s'empressèrent d'annoncer à leurs compatriotes ce qui s'était passé. Il en vint
à midi une trentaine, chargés de fruits de l'arbre à
pain, de plantain et d'eau : ils reçurent en échange des
boutons et des grains de chapelet.

Cette abondance de provisions aurait pu étourdir des
personnes moins prévoyantes que M. Bligh : il n'en mo-
déra pas moins la ration de chaque homme. De crainte
que l'île ne fût habitée, et que les naturels du pays ne
fussent en grand nombre, M. Bligh recommanda à son
équipage de faire entendre qu'un naufrage les avait
réduits à cette position désastreuse : on concerta les ré-
ponses qu'on devait faire ; les Indiens en furent dupes ;
mais le récit de ces infortunes parut plutôt exciter leur
surprise qu'émouvoir leur compassion.

Le jour suivant, les naturels arrivèrent en grand nombre ; ils témoignèrent beaucoup d'amitié pour les Anglais, et leur demandaient des nouvelles du capitaine
Cook et du capitaine Clerke, qui avaient visité leur
pays. M. Bligh eut assez de pénétration pour démêler
des intentions hostiles parmi ces apparences pacifiques.
Il n'eut bientôt plus de doute, lorsque les insulaires
voulurent s'emparer de la chaloupe et la haler sur le
rivage. Il s'opposa à ce dessein avec assez de fermeté pour le leur faire abandonner ; mais il n'en restait pas moins, lui et les siens, dans un péril imminent. Au premier signal, on pouvait lui couper la
retraite.

Dans cette position critique il sut dissimuler ses alar-
mes ; il distribua aux chefs indiens une partie des fruits
d'arbre à pain qu'il avait achetés, ainsi que des cocos,
dont lui et ses gens faisaient leur dîner : lorsque ce triste
repas fut achevé, il fit transporter insensiblement dans

la chaloupe ce qui lui restait·de provisions en fruits et
en eau. Les naturels tenaient conseil entre eux, et sem-
blaient· tout disposer pour une attaque; M. Bligh ordonna à ses gens de prendre leurs bagages à certain
signal qu'il donnerait, et de s'avancer vers la barque
lentement, mais d'un air déterminé. Ces ordres s'exécutèrent ponctuellement. Les chefs, voyant leurs victimes
sur le point de leur échapper, s'approchèrent tumultueu-
sement du capitaine, et lui demandèrent si son intention n'était pas de passer la nuit à terre. M. Bligh répondit négativement; mais il promit de revenir le
lendemain, et d'emmener à Tongatabou (île voisine)
deux ou trois naturels qui avaient manifesté le désir de
s'y rendre.

Les Indiens témoignèrent aussitôt l'indignation la plus
vive; Maccaakarow, un de leurs principaux chefs, s'é-
cria : « Eh bien ! nous allons te tuer. »

Le signal de l'attaque suivit de près cette exclamation.
Pendant que le capitaine s'acheminait vers son esquif, il
entendit le bruit des pierres que portaient les naturels :
on redoubla de vitesse pour rejoindre la chaloupe; mais
John Northon, quartier-maître, ayant eu l'imprudence
de s'écarter du détachement, fut attaqué par une troupe
de deux cents hommes, et assommé à coups de pierres.

On en lança également plusieurs volées successives
vers la chaloupe, et elles firent beaucoup de mal à
ceux qui étaient déjà entrés. Un certain nombre de
sauvages saisissaient le câble de la chaloupe, et l'auraient
immanquablement tirée à terre, sans la présence d'esprit
du capitaine, qui le coupa avec son couteau.

A peine les Anglais furent-ils éloignés de la côte,
qu'ils firent force de rames pour gagner la haute mer,
et se crurent enfin délivrés de tout péril. Mais douze des
naturels dont les canots étaient chargés de pierres cou-

rurent à leur poursuite. Ils n'eurent pas toutefois le courage de risquer un combat corps à corps ; voltigeant autour d'eux, ils les harcelèrent à coups de pierre, et mirent hors de combat la plus grande partie de l'équipage. Quelle défense pouvaient leur opposer des hommes qui n'avaient pas une seule arme à feu ?

Pour détourner leur fureur, le capitaine s'avisa d'un expédient qui lui réussit : il jeta des habits et quelques autres effets dans la mer. Cet appât excita l'avidité des Indiens ; ils s'empressèrent de recueillir la proie qu'on leur offrait, et, tandis qu'ils y étaient encore occupés, la nuit vint et les força de regagner la côte.

M. Bligh, jugeant, d'après cette réception, de celle que lui feraient nécessairement les Indiens des îles voisines, tint conseil avec ses compagnons d'infortune, pour déterminer quelle route ils devaient suivre. On adopta unanimement une résolution que le désespoir seul pouvait inspirer, celle de faire voile vers l'île de Timor, où les Hollandais possèdent un établissement.

Nous prions nos lecteurs de prendre ici une carte de la mer du Sud ; ils verront qu'il y a, entre Tofoa, Anamooka ou les îles voisines et celle de Timor, un intervalle de soixante degrés de longitude, c'est-à-dire d'environ six cents myriamètres. Telle était la distance qu'il s'agissait de parcourir sur un bateau long de huit mètres, monté de dix-huit hommes, sans cartes, sans autres secours que la mémoire du capitaine et un livre de longitudes et de latitudes, pour se diriger sur une mer dont la navigation n'est pas encore parfaitement connue. Cependant, de tous les projets que l'on pouvait former, celui-ci présentait le moins d'obstacles et de dangers. On fit le calcul des provisions, et chacun des gens de l'équipage prit l'engagement solennel de se contenter de trente grammes de pain et d'un verre d'eau par jour : au moyen de cette sévère économie, on espérait avoir des vivres pour environ deux mois.

Le 3 mai, le vent souffla avec tant de force, que les flots se brisaient sur les bords du bateau ; pour l'alléger, on se vit dans la nécessité de jeter à la mer les objets qui pouvaient être le moins utiles ; on vida avec les chapeaux l'eau de la mer dont il était rempli. L'objet le plus important, c'était de tenir le pain bien sec ; car, s'il venait à se gâter, on périssait inévitablement de faim. On en vint à bout en l'enfermant dans un coffre que le charpentier avait sauvé par hasard, sans se douter de quel avantage il pourrait être.

Chaque jour ces infortunés passaient devant des îles fertiles enrichies de toutes les productions de la nature. Des ruisseaux limpides ombragés par des cocotiers et d'autres arbres dont les fruits sont délicieux tombaient en cascades du sommet des collines ; mais, nouveaux Tantales, il fallait qu'ils contemplassent tous ces objets sans pouvoir en profiter : la férocité des habitants n'eût pas manqué de punir leur hardiesse, s'ils eussent tenté d'y débarquer.

Le 5 mai ils prirent un gros poisson, dont ils s'attendaient à faire un excellent régal. Ils tirèrent leur ligne avec précaution ; mais elle se rompit sous le poids, et le captif recouvra sa liberté avant qu'on fût parvenu à l'entrer dans le bateau.

Pour comble de désagrément, le bateau était si petit, que lorsqu'une moitié de l'équipage voulait dormir, il fallait que l'autre se tînt debout ; il était absolument impossible que tout le monde se couchât à la fois.

L'intention du capitaine était de chercher la Nouvelle-Hollande, afin de se procurer sur la côte quelques rafraîchissements. Le 25, ils aperçurent autour de leur bâtiment plusieurs de ces oiseaux simples et sans défiance auxquels les marins donnent le nom de *nigauds,* parce que, ne voyant presque jamais d'hommes, ne connaissant point notre voracité, ils croient n'avoir rien à craindre, et se laissent prendre à la main (1). Ils les virent avec plaisir, parce que leur présence annonçait le voisinage de quelque terre; mais le lendemain ils eurent le bonheur plus grand encore d'en prendre un qui fut partagé en dix-huit portions, accommodé sans autre sauce que l'eau de la mer, et distribué pour le dîner. La capture d'un autre nigaud leur procura un souper-non moins agréable. On donna le sang à trois personnes qui étaient plus malades que les autres; et, comme dans ce partage il était difficile que tous les morceaux fussent également bons, on s'en rapporta au sort pour la distribution des lots.

Ils se régalèrent encore les jours suivants de plusieurs nigauds. On trouva dans l'œsophage de l'un d'eux plusieurs poissons volants et de petites sèches qui procurèrent à l'équipage une nourriture restaurante. On s'avança le plus rapidement possible vers la Nouvelle-Hollande; nos infortunés navigateurs étaient presque tous attaqués du scorbut, et comme ils ne voyaient guère la possibilité que leur position devînt plus fâcheuse qu'elle ne l'était déjà, ils se décidèrent à risquer une entrevue avec les naturels. Ils abordèrent, le 29 mai, sur une petite île inhabitée, où ils se régalèrent de fruits, de coquillages et d'excellentes huîtres qu'ils trou-

---

(1) Ces oiseaux de mer sont du genre des pélicans ou frégates. Ils ont dans le gosier une poche où ils ramassent les poissons qu'ils pêchent, jusqu'à ce qu'ils puissent les manger à loisir. Une autre cause encore que celle que nous venons de citer a pu concourir à leur faire donner le nom de *nigauds.* D'autres oiseaux de mer ayant l'envergure des ailes plus considérable ne peuvent pas raser d'aussi près la superficie de la mer. Tout l'espoir de leur pêche se fonde sur les larcins qu'ils font aux nigauds. Lorsqu'ils s'aperçoivent que l'un de ces volatiles a saisi un poisson, ils fondent sur lui et le lui enlèvent en un clin d'œil.

vèrent sur la côte. Ils donnèrent à cette terre le nom d'*île de la Restauration*. Cette dénomination, outre qu'elle exprimait le secours qu'ils y avaient trouvé. avait encore le mérite de l'à-propos. Le 29 mai est un jour de fête pour les Anglais. C'est l'anniversaire de la restauration du roi Charles II, c'est-à-dire de son rétablissement sur le trône, d'où son père Charles Ier avait été renversé. Ce même jour était aussi l'anniversaire de la naissance de ce prince.

Cette île était peuplée d'oiseaux de toute espèce, notamment de perroquets et de pigeons sauvages ; mais, faute d'armes à feu, il était impossible de leur faire la chasse. On voyait de tous côtés des traces de kanguroo, le plus grand des quadrupèdes que l'on ait rencontrés jusqu'à présent dans la Nouvelle-Hollande.

Ce quadrupède a environ deux mètres quatre-vingts centimètres depuis le bout du nez jusqu'à l'extrémité de la queue. Sa forme est bizarre et très différente de celle des autres quadrupèdes. Sa plus grande circonférence est vers les hanches ; il est très mince du côté de la tête. Sa queue, large à sa naissance et terminée en pointe, a quatre-vingts centimètres de longueur. Les pattes de devant sont excessivement courtes ; aussi l'animal ne s'en sert-il pas pour marcher, mais pour creuser sa tanière et porter les aliments à sa bouche. Les jambes de derrière sont fortes et longues. Il s'en sert pour faire des bonds de cinq à sept mètres. Ces bonds se succèdent avec tant de vitesse que le meilleur chien courant ne pourrait suivre un kanguroo.

Le femelle a une organisation bien singulière, qui lui est commune avec certains genres d'animaux de la même classe, appelés sarigues ou opossums. Elle a le ventre garni d'une poche, où ses petits se placent immédiatement après leur naissance. Lorsqu'ils sont un peu grands, ils en sortent et y rentrent au premier signal d'alarme que leur donne la mère.

On en a déjà introduit quelques-uns en Europe, et particulièrement en Angleterre, dans le parc de Richmond, où l'on paraît s'occuper des moyens de propager l'espèce. Le Muséum d'histoire naturelle à Paris en possède deux.

Le 31 mai, à la pointe du jour, M. Bligh, qui avait bien vu çà et là des traces d'habitation, mais sans avoir pu rencontrer aucun des naturels, voulut cependant leur laisser un témoignage de sa gratitude, et une indemnité des provisions qu'il s'était procurées sans leur participation. Il attacha à un arbre quelques boutons et des morceaux de fer, présent le plus agréable que l'on puisse faire à ces hommes de la nature.

Quelques-uns de nos jeunes lecteurs, prompts à s'extasier, admireront peut-être la générosité de M. Bligh; mais qu'ils y réfléchissent : ils verront que, quelque louable que fût son intention, cette conduite pouvait avoir des suites toutes différentes de celles qu'il attendait. En effet, ces précieuses bagatelles ont été peut-être un sujet de discorde pour les Indiens qui les ont trouvées et ont voulu se les approprier; peut-être ont-elles causé l'effusion du sang humain. Si un parti de Mexicains ou de Péruviens était jeté par la tempête sur les côtes d'Europe, et que, pour témoigner sa reconnaissance des secours qu'il y aurait trouvés, il laissât des lingots d'or et d'argent, métaux plus précieux encore pour nous que le fer et le cuivre ne peuvent l'être pour les grossiers habitants de la Nouvelle-Hollande, nos lecteurs devinent facilement ce qui se passerait entre une troupe de paysans qui les premiers apercevraient ce riche butin.

Nos navigateurs parcoururent encore une multitude d'îles où ils recueillirent de faibles rafraîchissements, et

le 2 juin ils s'abandonnèrent derechef à la vaste solitude
des mers. Battus par les tempêtes, incommodés par l'humidité, obligés d'épuiser continuellement l'eau qui entrait dans leur chaloupe, accablés de maladies, et surtout de scorbut, ils ne trouvaient plus de soutien que
dans l'idée d'aborder bientôt une terre hospitalière. Enfin
le 12 juin, entre deux et trois heures du matin, ils découvrirent l'heureuse côte de Timor.

Incapables de manœuvrer eux-mêmes leur esquif, ils
prirent à bord un pilote indien qui les conduisit à Coupang, lieu de la résidence du gouverneur anglais. Le
bruit de deux coups de canon qu'ils entendirent à peu
de distance, fut le son le plus agréable qui eût jamais
frappé leurs oreilles : trois vaisseaux qu'ils aperçurent à
l'ancre les jetèrent dans un inexprimable ravissement. Ils
furent enfin présentés au gouverneur, qui les accueillit
avec tous les égards convenables. Ils y restèrent jusqu'au
20 août, et à cette époque ils s'embarquèrent sur un
schooner qui les conduisit à Batavia. Arrivés dans cet
endroit, il se séparèrent; M. Bligh et deux de ses hommes
s'embarquèrent pour l'Europe ; les autres restèrent à
Batavia pour revenir avec une flotte qui ne devait pas
tarder à en partir. M. Bligh débarqua à Portsmouth en
Angleterre, et y trouva enfin un refuge après tant de
naufrages.

Ainsi la Providence avait montré sa bonté et sa toute-
puissance en délivrant, contre toute attente, des malheureux victimes de leur attachement à leurs devoirs. Il
ne lui restait plus qu'à punir les coupables auteurs de
leur misère. C'est ce qui arriva. Dans la certitude qu'ils
s'étaient retirés à Otaïti, on envoya de Batavia des forces
suffisantes pour s'emparer d'eux, et les châtier comme
ils le méritaient.

V

LE CAPITAINE PHIPPS

ENFERMÉ DANS LES GLACES POLAIRES AVEC LES DEUX NAVIRES
QU'IL COMMANDAIT

En 1773, le capitaine Phipps fut chargé par l'amirauté anglaise de tenter un nouvel effort pour trouver dans les mers polaires arctiques un passage accessible aux vaisseaux se rendant aux Indes orientales. L'espérance de doubler la partie la plus septentrionale de l'Amérique, et d'arriver ainsi dans les mers du Japon, avait déjà fait entreprendre de nombreuses expéditions. Aucune ne réussit ; et le dernier voyage du capitaine Parry, le navigateur qui s'est avancé le plus près du pôle, semble avoir enfin convaincu les marins que, quand bien même un bâtiment favorisé par une saison exceptionnelle pénètrerait dans l'océan Pacifique à travers les mers polaires, jamais les commandants des navires de guerre et de commerce ne songeraient à s'engager dans une route ordinairement impraticable.

Phipps partit d'Angleterre avec deux vaisseaux, *le Cheval-de-Course* et *la Carcasse*. Il atteignit sans accident les côtes du Spitzberg, et bientôt il commença à chercher le fameux passage nord-ouest.

Depuis trois jours les deux vaisseaux côtoyaient une

immense plaine de glace, lorsqu'ils découvrirent sept
îles. Phipps résolut de gravir les montagnes de la plus
occidentale de ces îles, dans l'espérance d'apercevoir la
fin du banc de glace qui lui barrait complètement le
chemin. En conséquence, les vaisseaux s'accrochèrent à
la grande masse immobile avec des grappins. C'est ainsi
qu'en usent les bateaux pêcheurs qui fréquentent tous
les ans ces mers. Il fit mettre en mer deux chaloupes, et
s'embarqua avec l'autre capitaine, leurs seconds lieutenants, un des mathématiciens, les deux pilotes, et
quelques hommes choisis dans les équipages. Ils partirent à deux heures du matin ; tantôt ils allaient à la voile,
tantôt ils faisaient glisser les bateaux sur les glaces.

Ils arrivèrent ainsi à terre avec des peines excessives.
Le premier objet qu'ils y virent fut un troupeau de
daims : ces animaux étaient si peu farouches, qu'ils se
laissaient approcher assez pour qu'on pût les tuer à coups
de baïonnette. Preuve certaine que la présence de
l'homme n'inspire point naturellement de l'effroi aux
animaux, jusqu'à ce qu'enfin, instruits par l'expérience,
ils connaissent le sort que nous leur réservons.

Après avoir escaladé les plus hautes collines voisines
du bord de la mer, et mesuré de l'œil l'océan hérissé de
glace qui les entourait, et dont les brouillards, les empêchaient de voir toute l'étendue, ces messieurs descendirent. A cinq heures du soir ils se rembarquèrent, et
arrivèrent à dix heures du soir au vaisseau, après une
absence de vingt heures.

Ils se trouvèrent dans une situation extrêmement critique ; on découvrit trop tard qu'en fixant les vaisseaux
avec les grappins, à la manière des Groënlandais, on avait
grandement compromis leur salut. Les petits glaçons
s'étaient amoncelés et serrés autour d'eux en si grand
nombre, qu'il fut absolument impossible de les dégager.

Il y avait de plus tout lieu de craindre que l'un des bâtiments, ou tous les deux, ne fussent brisés en mille pièces.

C'est dans les conjonctures les plus alarmantes que les grands talents se déploient et sont féconds en expédients.

Le 2 août, de grand matin, M. Phipps mit tout son monde à l'ouvrage, et imagina de creuser dans le corps de la glace un bassin assez large pour que les vaisseaux y fussent à l'aise. Grâce à l'activité des travailleurs, les bâtiments se trouvèrent à l'abri du danger le plus apparent, celui d'être pressés contre les glaçons et de couler bas ; mais ils n'étaient pas à beaucoup près en sûreté. Comment les tirer de cette plaine de glace qui s'était formée autour d'eux et s'étendait à une grande distance ?

Les officiers furent convoqués par le commandant, afin de délibérer sur le parti qu'il y avait à prendre dans ces fâcheuses circonstances. Il fut unanimement reconnu que le salut des vaisseaux était à peu près désespéré, et qu'il ne restait que deux expédients pour sauver les hommes : c'était de laisser là les bâtiments pendant l'hiver, et de passer cette saison dans les huttes que l'on dresserait sur une des îles voisines, jusqu'à ce que la débâcle eût dégagé les vaisseaux ; ou de les abandonner, de faire glisser les chaloupes sur la glace (1), et de les lancer à la mer.

Ces deux expédients avaient chacun de graves inconvénients ; car il n'était rien moins que certain qu'après avoir quitté les vaisseaux on les retrouvât au printemps. D'un autre côté, outre la difficulté de traîner des cha-

____

(1) Les chaloupes étaient pourvues de ferrements, en forme de patins, au moyen desquels on les faisait glisser comme des traîneaux.

loupes sur la glace, opération qui devait prendre plusieurs jours, il était dangereux de se confier sur d'aussi frêles embarcations aux caprices des vents et des vagues. Au surplus, ce dernier moyen paraissait le seul praticable. Tandis que les vaisseaux enfermés au milieu des glaces dérivaient rapidement avec elles, M. Phipps fit mettre dehors toutes les chaloupes et tous les canots ; il les fit réparer, et leur donna toute la solidité dont ils étaient susceptibles.

Comme il y avait peu d'eau en cet endroit, et que la cale des bâtiments, augmentée par la glace qui y était adhérente, pouvait toucher le fond, s'y engager, et que dans ce cas les deux bâtiments eussent péri en une minute, M. Phipps posta continuellement en sentinelle deux matelots, l'un au nord, l'autre à l'est, afin de sonder partout où il y avait des crevasses dans la glace, et de prévenir du danger avant que les vaisseaux touchassent. Chaque travailleur portait sur lui un sac rempli de pain, afin que l'on ne restât pas sans provisions dans le cas où l'on serait obligé de se jeter précipitamment dans les chaloupes.

Quel tableau désastreux que celui d'une poignée d'hommes se débattant obscurément dans un coin reculé des mers du Nord, sans que le reste de l'univers, pour l'intérêt duquel ils s'étaient exposés à des dangers aussi effrayants, pût jeter sur eux-mêmes un regard de pitié !

Tant que les chefs gardent leur sang-froid, les matelots ne perdent jamais courage. Ceux-ci montraient autant de bonne volonté, et même de joie, que s'il se fût agi d'entrer avec un bon vent dans le canal Britannique.

On ne renonça cependant point à l'espoir bien faible de débarrasser les vaisseaux en ouvrant un canal à l'est du côté où la mer était libre. Le succès qu'obtint une partie de l'équipage d'un seul des vaisseaux, tandis que les autres hommes se livraient à des soins plus urgents, fit heureusement présager ce qu'on devait attendre des efforts réunis de tous les matelots. Ils y travaillaient à grands coups de scies à glace (1), de haches, de marteaux, de pioches ; mais, après qu'ils eurent coupé des blocs de glace solide épais de trois à cinq mètres, et qu'ils en eurent rencontré d'autres profonds de plusieurs brasses, on fut obligé de renoncer à cette entreprise, qui surpassait la puissance de l'homme. Dieu seul pouvait, en quelque sorte, d'un seul souffle, diviser et pulvériser ces masses énormes.

Le 3 août, après que les hommes des vaisseaux se furent fortifiés pour la seconde fois par un sommeil de quelques heures, on s'occupa de placer sur des chaloupes des bannes de toile et autres couvertures, pour mettre les naufragés à l'abri, et on les fit glisser au milieu des obstacles sans nombre qu'opposait l'inégalité de la superficie de la glace. Leur projet était de gagner à la voile et à la rame le port le plus septentrional du Spitzberg, où l'on espérait arriver avant le départ des derniers bateaux pêcheurs.

M. Phipps envoya dans l'île dont nous avons parlé un petit détachement pour reconnaître les lieux et la distance où l'on était encore de la mer. Les occupations des matelots étaient ingénieusement variées, pour qu'ils ne fussent point accablés de lassitude. Dans leurs moments de loisir, ils s'amusaient à chasser et à tuer des ours blancs qui, attirés sans doute par l'odeur agréable de leurs provisions, leur rendaient de fréquentes visites.

_____

(1) C'étaient des instruments faits exprès, dont on avait eu la prévoyance de fournir les deux vaisseaux.

Le second lieutenant de la *Carcasse* lutta dans ces circonstances contre un cheval de mer, et n'en triompha que par son courage : sa vie fut dans le plus grand danger.

Le 4, les pilotes envoyés à la découverte rendirent compte que la mer la plus proche était à dix lieues marines vers l'ouest, qu'ils avaient trouvé dans leur traversée quantité de pins et de sapins flottants, dont quelques-uns étaient d'une grandeur démesurée. Comme les terres de cette latitude ne produisent ni arbres ni arbrisseaux, il était évident que ces corps flottants venaient de très loin.

Quoiqu'il n'y eût rien de nouveau dans cette observation, car les baleiniers trouvent un grand nombre de ces arbres et s'en servent pour faire leur provision de bois, on ignorait, du temps de M. Phipps, de quelle contrée ils provenaient. Il est certain aujourd'hui que plusieurs grandes rivières qui arrosent les contrées septentrionales de la Russie se-jettent dans ces mers : il est probable que les pins et les sapins arrachés par des débordements sont conduits dans ces parages par la force des courants.

Comme la glace qui entourait les vaisseaux devenait de plus en plus solide, ceux qui avaient conservé l'espoir qu'un vent de sud-est en désunirait les parties et dégagerait les bâtiments, commencèrent à perdre toute espérance. En effet, pendant vingt-quatre heures, le vent si désiré souffla avec violence, et ne produisit pas le moindre changement.

Dans la matinée du 5, le matelot placé en sentinelle dans les huniers de la *Carcasse* donna avis que trois ours s'avançaient à grands pas sur la glace, et venaient du côté du vaisseau. Ils étaient attirés par l'odeur de l'huile d'un cheval de mer qu'on avait tué peu de jours auparavant. Les matelots avaient mis le feu à cette huile, apparemment pour se chauffer ou pour s'éclairer, et la fumée se répandait au loin.

Les trois ours en question étaient une femelle et ses petits, qui déjà avaient atteint presque toute leur croissance. Ces animaux coururent avec vivacité du côté du feu ; ils tirèrent du milieu des flammes des lambeaux de chair qui n'étaient point encore consumés, et les dévorèrent avec avidité. Les gens du vaisseau, pour se divertir, jetèrent aux ours de grands morceaux de chair qu'ils avaient conservés. La mère ramassait soigneusement chacun de ces morceaux, et en faisait un partage égal entre ses petits, n'en réservant pour elle qu'une seule portion. Comme elle allait chercher le dernier morceau, les matelots couchèrent les oursons en joue, et les tuèrent sur la place. Ils blessèrent aussi la mère, mais non pas mortellement. C'était un spectacle qui aurait arraché des larmes à tous autres qu'à des cœurs endurcis, que l'affliction et la tendresse que témoigna cette pauvre mère en voyant expirer sa progéniture. Quoique le sang coulât de sa blessure, et qu'elle eût à peine la force de se traîner jusqu'au lieu où gisaient ses petits, elle apporta le morceau de viande qu'elle avait été chercher, et le partagea comme elle avait fait des autres, et mit à chacun leur portion devant eux. Voyant qu'ils refusaient de manger, elle les remua l'un après l'autre avec ses pattes, et chercha à les relever. Pendant toute cette scène elle jetait des cris plaintifs. Voyant l'inutilité de ses efforts, elle se retira : quand elle fut à quelque distance, elle se retourna et proféra des gémissements ; puis elle revint sur ses pas, tourna autour des deux cadavres, les flaira, et se mit à lécher leurs blessures.

Cette mère désolée s'éloigna encore une fois ; mais elle n'eut pas plus tôt fait quelques pas, qu'elle jeta ses

regards en arrière, et appela par ses cris ceux qui ne
pouvaient plus l'entendre. Elle retourna encore vers eux,
et avec les témoignages les plus déchirants de l'amour
maternel elle courut de l'un à l'autre, les remua avec ses
pattes, et proféra des cris lugubres.

Enfin, bien assurée que le froid de la mort s'était em-
paré de leurs membres, elle leva languissamment la tête
vers le vaisseau, et sembla accuser par un sombre mu-
gissement les meurtriers, qui pour toute réponse firent
pleuvoir sur elle une grêle de balles !.. Elle tomba entre
ses petits, et mourut en léchant leurs plaies.

Le 6, nos voyageurs reconnurent, à leur extrême joie,
que la grande masse de glace où le vaisseau était comme
incrusté dérivait sensiblement vers l'est, et que déjà ils
se trouvaient amenés dans l'espace intermédiaire que
laissaient les sept îles. Les pilotes envoyés à la découverte
rapportèrent l'effrayante nouvelle que les glaces avaient
augmenté, et qu'elles s'étendaient à perte de vue sur
tous les points de l'horizon.

Il restait alors peu d'espoir de pouvoir se servir même
des chaloupes ; et passer l'hiver dans une si affreuse situation était une chose plus horrible que d'être abîmé tout
à coup par un naufrage instantané.

On n'en continua pas moins de tenir les chaloupes
toutes prêtes, et d'y déposer des vivres, ainsi que les habillements d'hiver pour les matelots, dans le cas où,
d'une manière ou d'une autre, on viendrait à bout de les
mettre en mer.

Nous ne devons pas omettre de mentionner la conduite
héroïque et la fermeté inébranlable que les officiers ne
cessèrent de déployer au milieu de tous les dangers. Les
plus belles actions à la guerre ne montrent peut-être pas
mieux le grand caractère d'un marin que la promptitude
et la joie avec lesquelles ses gens lui obéissent pendant

le péril. Chacun se disputait à qui aurait l'honneur de
traîner les chaloupes sur la glace : c'était l'occupation la
plus pénible. Phipps avait ordonné que personne, de
quelque grade qu'il fût, ne prendrait d'autres effets d'é-
quipement que ceux qu'il avait sur le corps. Les officiers
s'étaient mis en jaquette de flanelle, et les matelots s'é-
taient revêtus des habits abandonnés par les officiers, ce
qui donnait aux équipages des bâtiments une apparence
assez grotesque. La musique ne cessait d'encourager les
travailleurs.

Si les capitaines étaient chéris de leurs subalternes,
les lieutenants ne l'étaient pas moins. L'amour des matelots pour le lieutenant Beard allait presque jusqu'à
l'adoration. En effet, cet officier gardait toujours un
calme imperturbable, et ne se laissait jamais déconcerter
par les contrariétés de tout genre qu'on ne cessait d'é-
prouver. Sa résolution était aussi prompte que ses ordres étaient précis. Jamais on ne le vit, dans tout le cours
du voyage, suivant l'exemple trop commun des gens de
mer, ajouter de grossiers jurements à ses ordres, ou appeler un matelot autrement que par son nom. Ces braves
gens le récompensèrent bien de ses bontés. Lorsque le
vaisseau aborda à Deptford, sur la côte d'Angleterre, ils
firent, dans l'ivresse de leur joie, toutes sortes d'extra-
vagances ; et comme il y avait un terrain bourbeux à
traverser pour arriver à la voiture où devait monter
M. Beard, ils se dépouillèrent de leurs habits, et, ne
gardant que la chemise, ils lui en firent une espèce de
tapis sur lequel il put marcher à pied sec. M. Beard chercha vainement à les détourner de cette résolution.

Mais voilà que je parle du retour des équipages en
Europe, et j'oublie qu'ils sont encore perdus au milieu des
glaces polaires : trop heureux s'ils peuvent mettre à flot
quelques chaloupes, et abandonner pour jamais les bâ-

timents qui les ont conduits dans ces dangereux parages.

La tâche qu'exécutaient ces malheureux était si pénible, qu'en six heures d'un travail opiniâtre on ne parvint, le 6 août, à avancer une des chaloupes que d'un kilomètre. Il était temps de se reposer, et l'on se mit à dîner en commun.

Au moment où ils reprenaient leur travail, on annonça que la masse entière avait changé de position, et se dirigeait à l'ouest ; que les vaisseaux étaient à flot dans les bassins qu'on leur avait creusés. La glace paraissait sur le point de s'ouvrir. Je n'entreprendrai point d'exprimer l'allégresse qu'une nouvelle aussi agréable répandit parmi les équipages. Ils changèrent de destination, et se mirent à seconder la délivrance des vaisseaux. Non seulement les bâtiments étaient à flot, mais les glaces s'étaient si bien écartées, qu'en mettant dehors toutes les voiles, ils s'ouvrirent un passage et s'avancèrent d'environ huit cents mètres.

Mais à cette lueur d'espoir succéda bien vite une perspective plus rembrunie. Tout le massif de glace reprit sa première direction à l'est, et les vaisseaux furent serrés d'aussi près qu'auparavant. Jusqu'à deux heures du matin, la direction du courant demeurant la même, les bâtiments furent dans le plus grand danger. Pour peu qu'ils s'arrêtassent contre le fond, ils étaient aussitôt brisés par le tranchant aigu de la croûte de glace qui les enfermait.

Déjà la dérive était de près de quatre kilomètres à l'est. Les matelots, incessamment occupés à protéger les côtés des vaisseaux contre les bords de la glace en la repoussant avec des crocs et de longues perches, étaient épuisés de fatigue ; les perches leur tombaient des mains ; leur perte était inévitable ; les vaisseaux ne présentaient plus qu'une scène d'horreur et de confusion. Mais le Tout-Puissant, dont les voies sont impénétrables, qui a souvent abandonné d'autres navigateurs à de semblables dangers, ne voulut pas que ceux-ci perdissent en ce moment la vie qu'il leur avait donnée. Au moment même où tout semblait désespéré, il leur accorda une marque signalée de sa protection.

Le vent change tout à coup, les glaces se rompent en plusieurs endroits; elles éclatent avec un bruit plus retentissant que le tonnerre. Cette masse énorme de glaçons, qui s'étendait à une distance si prodigieuse, que du sommet des plus hautes montagnes on ne pouvait en découvrir les bornes, se sépare en innombrables fragments. Ils s'empilent les uns sur les autres, et dessinent des plaines, des collines, des vallées, d'une manière si pittoresque, qu'un observateur placé en lieu de sûreté eût été frappé d'admiration.

L'espérance revint dans les cœurs d'où elle semblait chassée pour jamais. La perspective d'échapper enfin aux obstacles qui les enchaînaient anima nos voyageurs d'une force nouvelle. En un instant toutes les voiles furent hissées, et on les tendit au vent, afin de se frayer une route dans le canal qui était déjà ouvert, et de séparer, s'il était possible, les glaçons au milieu desquels il venait de se faire des crevasses.

Pendant que l'on travaillait à la sûreté des vaisseaux, un détachement nombreux s'occupait à lancer les chaloupes à la mer. Ce n'était pas une tâche facile. La glace, bien que brisée en mille pièces, formait encore une masse compacte autour des bateaux. Quoique l'étendue n'en fût pas considérable, ces embarcations étaient trop lourdes pour qu'on triomphât aisément de leur résistance avec le peu de force dont on pouvait disposer.

Ajoutez à cela que la dérive de la glace avait transporté

les chaloupes à près de huit kilomètres des vaisseaux, et
qu'il n'y avait entre eux aucun canal de communication ;
mais la Providence, qui avait déjà tant fait pour eux,
ne les abandonna point. Tandis que les matelots poussaient avec vigueur les chaloupes, le sol qu'ils foulaient
aux pieds se déroba sous eux ; il se fit un craquement
qui brisa la glace en cent mille morceaux ; ils eurent le
bonheur de sauter tous lestement dans leurs chaloupes,
et se trouvèrent à flot.

Les matelots restés à bord des vaisseaux n'avaient pas
fait plus d'un kilomètre, quand ils furent rejoints par
les chaloupes. Dans ce moment, soit curiosité, soit pour
épier quelque aventure favorable, plusieurs ours blancs
placés sur la glace semblaient prendre plaisir à contem-
pler les travaux des Anglais. Quelques-uns vinrent si
près, qu'on leur eût fait un mauvais parti si les gens des
équipages n'avaient eu rien de plus urgent et de plus important à faire.

Le vent d'est continuant à souffler, les glaçons se sépa-
raient et s'éclaircissaient avec autant de promptitude
qu'ils en mettaient à se réunir lorsque le vent donnait
de l'ouest ou du nord. Preuve certaine qu'il y a à l'est
une grande terre qui, arrêtant les glaces flottantes char-
riées par les courants, les oblige de se resserrer.

Le 10, on eut un vent trop variable pour faire beaucoup de progrès. Dans la matinée, les glaces, au lieu de
se diviser, parurent s'accumuler davantage. Vers huit
heures, on eut un vent de nord-est qui produisit un
froid très vif, mais qui fit dans les glaces une ouverture
du côté de l'ouest. On mit toutes les voiles dehors, et les
flancs des vaisseaux, doublés de cuivre, se firent un
passage au milieu des débris de glace. Peu d'heures
après midi, les pauvres matelots, à leur grande joie,
aperçurent les côtes du Spitzberg.

Le jour suivant, on oublia les fatigues, les rigueurs du froid, et mille autres inconvénients, pour ne songer qu'à la perspective d'une délivrance prochaine. Déjà les îles de glace n'opposaient plus au passage des vaisseaux un obstacle invincible : bientôt on sortit tout à fait de cette prison de glace, et lorsqu'on se trouva enfin en pleine mer, l'allégresse universelle et les transports immodérés succédèrent à ce voile de tristesse qui obscurcissait tous les visages. Il n'y avait pas à bord un homme dont la physionomie n'exprimât la satisfaction.

Nos navigateurs admirèrent alors à leur aise les glaçons détachés de la grande masse, et dont ils n'avaient plus rien à craindre. Ces fragments irréguliers présentaient un coup d'œil varié et des plus curieux. La plus belle de ces îles de glace figurait une arcade superbe, si large, si haute, et si régulièrement travaillée par la nature, qu'un petit navire eût facilement passé à travers sans être obligé de baisser son mât. Une autre représentait une église avec sa coupole, des rangs de colonnes et des croisées gothiques. Une troisième était en forme de table. Il pendait tout autour de longues stalactites de glace, qui figuraient une nappe damassée. En un mot, ce spectacle avait de quoi exercer une imagination fertile. Il n'y avait point d'ouvrage de l'art et de la nature dont on ne pût trouver quelque ressemblance au milieu de ces masses variées.

Le 12, les bâtiments jetèrent l'ancre dans le port de Smeeringberg.

Le jour où nos voyageurs se virent de retour à Smeeringberg, il faisait un temps superbe. On se mit tout de suite à travailler à la réparation des navires et à se procurer de l'eau.

Pendant les six jours que les vaisseaux passèrent dans ce port, plusieurs officiers firent des excursions dans les îles voisines. Les oiseaux y pullulaient en abondance ; car c'est dans cette saison qu'éclosent les petits.

Le 19 août, les vaisseaux firent leurs dispositions pour mettre à la voile, et sortirent le lendemain du port. Le 30 septembre suivant, ils mouillaient dans la rade de Deptford, en Angleterre.

VI

AVENTURES

DU LIEUTENANT D'ARTILLERIE BRISTOW

RACONTÉES PAR LUI-MÊME

Le lieutenant Bristow, après avoir raconté comment il avait pris du service dans l'armée de la compagnie des Indes, et comment il fut fait prisonnier par un détachement de troupes légères indiennes (1), continue ainsi :

« Dès ce moment je me trouvai dans la position la plus affreuse qu'on puisse imaginer. Prisonnier de ces barbares, je fus traité avec mépris et cruauté : je courais à tout moment risque de perdre la vie. Cependant on ne me donna pas le temps de m'abandonner aux tristes réflexions que comportait mon état. On me traîna, les mains liées derrière le dos, au camp de Hyder-Ali, à huit kilomètres de distance entre l'armée anglaise et la ville de Couddelore.

La tente de Hyder n'avait rien d'extraordinaire ni de magnifique, si ce n'était un riche tapis qui couvrait la terre, retenu aux quatre angles par de gros lingots d'argent massifs, en forme de pain de sucre. Je fus interrogé par un chef qui parlait anglais sur la force et la desti-

(1) Nous omettons ces détails, qui n'offrent aucun intérêt.

nation de notre armée. Je répondis qu'elle se montait à trente-cinq mille hommes, et qu'elle avait soixante pièces de canon. Là-dessus l'interprète m'interrompit brusquement, et dit que j'en imposais. Le sultan, indigné de ce que j'avais osé le tromper, me fit rester trois jours sans nourriture, ignominieusement attaché à un poteau derrière sa tente. C'est ainsi que je demeurai pendant sept jours que je passai dans le camp, sans autre siège, sans autre lit qu'un sable brûlant, exposé aux vicissitudes du temps, à la fraîcheur des nuits, qui sont très dangereuses sous les tropiques, et sans que le sultan me fît donner de nourriture. J'eusse inévitablement succombé à des traitements aussi barbares, si mes gardes n'eussent eu l'humanité de me procurer des vivres de temps à autre, et à la dérobée.

Le quatrième jour, Hyder ayant établi son camp devant Couddelore, où s'était retranchée l'armée anglaise, je reçus la visite de Mahomed-Beg, un de ses officiers. Il ordonna que l'on me fournît une ration journalière d'une petite mesure de riz et de deux *pices*, monnaie indienne (1). Quatre jours après, Mahomed - Beg vint encore me trouver, et m'offrit d'entrer au service de son maître. Pour m'y déterminer, il m'assura que je serais bien traité et recevrais une bonne paye; mais voyant que je refusais, il se sépara de moi très mécontent, et je ne tardai pas à éprouver les suites funestes de ma fermeté. On me retrancha aussitôt la moitié de ma ration, et l'on m'envoya à Gingih, petit fort sur un rocher qui venait d'être lâchement livré à Hyder par des troupes auxiliaires de la compagnie anglaise. Avant de partir du camp de Hyder, j'eus la mortification de voir pendant trois jours consécutifs notre armée rangée en bataille, sans espoir

(1) Le *pice* est une petite monnaie de cuivre qui vaut deux sous.

de recouvrer ma liberté, quelles que fussent les chances du combat. Heureusement on m'avait rendu mes habits et une couverture avant de me proposer du service dans les troupes ennemies. A mon arrivée à Gingih, on me mit les fers aux mains; et de là je fus transféré à Arcot, où l'on m'ôta les fers des mains, pour m'attacher aux pieds des chaînes pesantes. Je restai pendant trois semaines dans la prison d'Arcot; je suis certain que je serais aisément parvenu à m'échapper, si dans cet intervalle il se fût présenté une nuit sombre ou pluvieuse; mais j'étais réservé à d'antres épreuves.

Je me trouvais prisonnier avec plusieurs officiers anglais. Le 1er mars 1781 on nous transféra à Séringapatam, chargés de fers. Plusieurs de ces messieurs étant blessés, on les transporta sur des palanquins.

On nous fit faire des marches pénibles et forcées, parce que l'on craignait que nous ne fussions interceptés par une sortie de la garnison du fort Vellore. Notre escorte consistait en trente cipayes(1) et cinquante polygars. Par malheur nos compatriotes ignoraient que nous fussions si près d'eux, et il n'y avait pas moyen de corrompre la fidélité de notre escorte. Au bout de dix-huit jours nous arrivâmes à Séringapatam, et nous rencontrâmes sur la route une multitude de forts construits en terre et en gazon. Il est inutile, quant à présent, de nommer mes compagnons d'infortune. L'un d'eux, M. Skardon, officier anglais qui avait été résident de notre nation à Pondichéry, et livré par les Français de cet établissement, fut le plus durement traité de tous. Il avait tenté de s'évader, et avait été arrêté sous les murs de Couddelore. On m'enferma avec environ trois cents Européens dans la même prison, qui était un grand espace carré, avec des

---

(1) Les cipayes sont des troupes levées dans l'Inde, et qu'on s'efforce de discipliner à la manière des Européens.

hangars le long des murailles, comme dans les caravan-
sérais de l'Inde. La plupart de ces malheureux étaient
attaqués de maladies épidémiques, et il n'y avait là personne pour les soigner. La petite vérole, si funeste dans
les climats orientaux, s'était introduite dans la prison,
et moissonnait successivement tous ceux qui ne l'avaient
pas encore eue. J'étais du nombre de ceux qui la redoutaient, et j'attribue ma conservation à un singulier expédient que j'imaginai. Je fis une petite boule de cire aussi
dure qu'il me fut possible; je l'appliquai ensuite sur ma
jambe, mis par-dessus un des boutons de mon habit, et
serrai si bien le tout par des ligatures, que la boule de
cire perça la peau et entra dans ma chair. Je gardai pendant plusieurs mois cette espèce de cautère qui entretint
une suppuration continuelle, et me préserva sans doute
de la contagion.

On avait enfermé dans notre prison le sergent Demp-
ster, que nous regardions tous avec horreur. C'était un
transfuge qui s'était enrôlé dans les rangs ennemis. Il
avait d'abord été bien traité de Hyder-Ali; mais la mauvaise conduite de cet homme avait forcé le sultan à le
dégrader d'abord, puis à le jeter dans les fers. Il était
d'autant plus misérable à nos yeux, que nous le soup-
çonnions d'avoir été mis là pour espionner toutes nos
actions.

Je restai neuf mois dans cet odieux séjour, enchaîné
comme un criminel, n'ayant pour subsister qu'une misérable ration de vivres et d'argent. Je formai avec cinq
de mes compagnons d'infortune un plan d'évasion. Déjà
nous avions économisé sur notre portion journalière
quelques gâteaux de riz pour subsister pendant le voyage;
déjà nous nous étions procuré des cordes pour escalader
les murailles, lorsque le soir même qui précéda la nuit
fixée pour l'exécution du complot, il tomba une forte

pluie qui abattit précisément la portion du bâtiment par laquelle nous devions nous sauver. On fit en conséquence garder ce passage par un nombreux détachement. Cet accident n'eut pas seulement l'effet de différer l'exécution de nos projets; mais, la muraille étant abattue, nous aperçûmes des obstacles que nous ne connaissions pas, et qui nous laissaient peu d'apparence de succès, Ainsi le malheur sur lequel nous gémissions fut véritablement un bienfait pour nous; car, découverts et arrêtés dans notre fuite, nous n'en eussions été que plus cruellement traités. »

Ce fut seulement plusieurs années plus tard que le lieutenant Bristow, après avoir été traîné de ville en ville, de cachot en cachot, put mettre à exécution les projets d'évasion qu'il méditait sans cesse. Voici comment il raconte sa fuite et les cruelles épreuves auxquelles il fut exposé.

« Nous venions d'être transférés dans la forteresse située sur un rocher à quatre-vingts kilomètres de Séringapatam. L'officier qui commandait cette forteresse, ayant appris que j'avais servi dans l'artillerie, s'avisa de me charger de dérouiller ses vieux canons et de les mettre en état. Il m'adjoignit plusieurs ouvriers indiens, et je jouis dès ce moment d'une certaine liberté dans l'intérieur des forts.

J'avais accepté cette mission avec un empressement que je m'efforçai de dissimuler. C'était pour moi une occasion précieuse de reconnaître les lieux. J'examinai les canons, je donnai la meilleure idée de l'état où je comptais les faire mettre, et je flattai le crédule killadar (c'était le grade de l'officier commandant la forteresse) de l'espoir qu'à peu de frais il aurait une artillerie superbe. Sous prétexte d'observer la manière la plus avantageuse de placer les canons pour battre la plaine, j'examinai

soigneusement les sinuosités du rocher, l'extérieur de
notre prison, la forêt et la campagne d'alentour. Je fis
mes remarques avec assez d'adresse pour ne point éveil-
ler les soupçons de mes gardes.

Lorsque je fus de retour auprès de mes compagnons,
je leur rendis un compte fidèle de tout ce que j'avais vu ;
je leur dis notamment que j'avais découvert un passage
par lequel on pouvait, sans être aperçu, glisser le long
du rocher. Il fut convenu, à l'unanimité, que nous nous
mettrions tout de suite en mesure de réaliser un plan
d'évasion générale.

Telle fut notre joie, que nous regardions déjà la
chose comme achevée; nous ne pensions plus aux
murailles qui nous renfermaient, aux sentinelles qui rô-
daient dans toutes les avenues, à la presque impossibilité de nous écarter bien loin du fort sans être découverts,
embarrassés comme nous l'étions par nos chaînes. Nous
songions encore moins à l'espace de huit cents mètres
qu'il fallait parcourir avant d'être au bas du rocher, au
précipice au fond duquel nous devions glisser, à la forêt
qui environnait le rocher, forêt peuplée de bêtes farouches ; et, ce qui était plus redoutable encore, à la nécessité d'échapper à la surveillance de cinq ou six gardes,
ce qui nous obligerait de nous enfoncer dans le plus épais
du bois, et de nous traîner souvent sur les pieds et sur
les mains.

Tous ces obstacles cependant se montrèrent bientôt
sous leur véritable point de vue, lorsque l'ardeur de
notre imagination se fut un peu calmée. Au surplus,
nous n'en persistâmes pas moins à en courir la chance,
et il ne resta plus qu'une grande difficulté : ce fut de
savoir de quelle manière nous commencerions.

Après beaucoup de discussions, et après nous être bien
consultés, le seul expédient praticable sur lequel on s'ar-

rêta fut de faire une brèche dans la muraille de terre de notre prison, et de nous sauver tous pendant la nuit.

La seule précaution indispensable était un profond silence. Nous profitions, pour travailler, des nuits où nos gardes s'occupaient à jouer ou à d'autres divertissements. Un vieux couteau était notre seul outil, et par conséquent la besogne avançait fort peu. Après avoir passé plusieurs nuits, les uns à creuser, les autres à faire sentinelle, il se trouva que notre instrument ne pouvait suffire, à cause de l'épaisseur de la muraille... Il fallut y suppléer en versant de l'eau dans le trou pour amollir la terre, et pour qu'elle résistât moins à la faible lame dont nous nous servions.

Nous passâmes vingt jours à miner et à saper la muraille. Dans cet intervalle nous communiquâmes notre projet à sept de nos compagnons qui étaient renfermés dans une salle voisine, et qu'on nous permettait de voir pendant le jour : ils se mirent à en faire autant de leur côté. Quand le trou fut presque achevé, nous songeâmes à assurer la liberté de nos jambes. Nous en vînmes heureusement à bout, en faisant usage d'un canif qu'un de nos compagnons d'infortune avait caché dans une vieille natte, et apporté de Séringapatam. Quant au couteau, il nous avait été secrètement donné par un homme du Carnate employé à la monnaie d'Outradrong. Nous fîmes rougir au feu le canif, et y taillâmes des encoches avec le grand couteau. Nous en fîmes de cette manière une espèce de scie avec laquelle nous eûmes bientôt coupé l'anneau qui retenait une des jambes. Il eût été trop long d'en faire autant pour l'autre; mais nous étions dégagés, et il était facile d'attacher toute la longueur de la chaîne autour de la même jambe.

Nous étions bien résolus, si l'on venait à nous découvrir, de nous jeter tous à la fois sur les gardes, de profiter du désordre pour nous sauver, ou de périr sur la place. Dans ce dessein, nous avions mis en réserve de fortes bûches que le killadar avait permis de nous donner pour cuire notre riz quand nous en avions. La garnison n'excédait pas soixante à soixante-dix hommes, et ce parti était préférable à celui d'attendre lâchement qu'on disposât de nos jours. On a vu souvent une douzaine d'hommes excités par le désespoir faire des actions plus extraordinaires, et triompher de forces plus imposantes.

Il y avait dans le fort plusieurs détenus indiens. Quelques-uns d'entre eux, étant entrés un jour à l'improviste dans notre prison, nous surprirent occupés à limer nos fers. Tout aurait été perdu, et ils n'eussent peut-être pas manqué de nous trahir, si un des nôtres, qui avait été chez eux la veille, ne les avait trouvés s'exerçant au même travail. Nous eûmes grand soin de leur rappeler cette circonstance, et ils se trouvèrent par leur propre intérêt engagés au secret.

Il paraît cependant que, vers l'approche du jour fixé pour notre délivrance, nos gardes commencèrent à se douter de quelque chose : ils examinèrent nos fers avec plus de soin que de coutume ; heureusement nous avions imaginé un moyen ingénieux de cacher les traces de la rupture des anneaux. Un de nos compagnons qui se donnait pour un docteur, et à qui l'on permettait de prescrire des remèdes à la garnison, s'était procuré en cachette un petit lingot de plomb. Nous nous en servîmes pour souder si exactement les ouvertures, qu'à moins d'un examen des plus attentifs il était impossible de les découvrir. Cette soudure, au surplus, était si peu solide, que rien n'était plus aisé que de la rompre.

Notre docteur nous fut d'un grand secours dans cette forteresse ; il nous faisait vivre du fruit de ses travaux.

Les bons habitants d'Outradrong avaient la plus haute idée de ses lumières et payaient largement ses ordonnances, d'ailleurs fort innocentes. Deux jours avant notre départ, il reçut un mouton tout entier d'un officier polygar, malade imaginaire, et qui conduisait un corps de cinq cents hommes à l'armée de Tippoo-Saïb. Il lui avait prescrit pour toute potion un grand verre de liqueur du pays. Le polygar, qui, en sa qualité de musulman, ne connaissait point cette liqueur, la prit pour une drogue médicinale, et regarda comme une guérison complète la gaieté qu'elle lui inspirait.

Le 27 novembre était le jour fixé pour la consommation de notre grande entreprise. Dès le soir nous fîmes les préparatifs nécessaires. A minuit nous enlevâmes la terre qui recouvrait le trou, et nous nous disposâmes à percer la dernière couche extérieure ; mais quelle fut notre douleur en nous apercevant que le trou était oblique, et qu'il aboutissait au-dessous de la surface du sol ! Il restait encore un travail considérable à faire ; cependant nous ne nous laissâmes point abattre par ce contre-temps, et nous prîmes sur-le-champ notre parti. Nous mîmes dans de grands vases de terre la poussière que nous avions retirée du trou, et nous les couvrîmes d'une couverture blanche.

Il était évident que nous ne pouvions pas cacher long-temps la brèche faite à la muraille, en conséquence je travaillai pendant tout le jour qui suivit. Je versai de l'eau à grands flots pour humecter la terre, et je plaçai au fond des étoffes mouillées. Pendant ce temps-là mes camarades chantaient et ne cessaient de faire beaucoup de bruit, afin qu'on ne m'entendît pas.

La nuit du 28 tout se trouva prêt ; la brèche étant reconnue praticable, nous en donnâmes avis à nos camarades de l'autre chambre, et ils nous rejoignirent. Nos

gardes, depuis quelque temps, nous avaient accordé de
ne fermer qu'à huit heures du soir les portes de nos
chambres ; mais ce soir-là nous feignîmes d'avoir envie
de dormir, et les soldats, s'étant retirés plus tôt que de
coutume, se mirent à jouer dans leur corps de garde.

Notre premier soin fut de détacher les fers d'une de
nos jambes et de les entortiller sur l'autre. Nous portions
sur nous toute notre garde-robe, qui se réduisait à quelques haillons ; chaque prisonnier avait deux gâteaux de
riz, que nous avions mis exprès de côté.

On me nomma chef de l'expédition. A minuit précis
je sortis le premier de la brèche, tenant le grand couteau
d'une main et une bûche de l'autre. Mes camarades me
suivirent, et quelques-uns ne le firent pas sans peine, à
cause de leur grosseur. Nous marchâmes dans le plus
grand silence. Je conduisis ma troupe à la grande muraille de terre, qui formait la dernière enceinte de la
prison. Elle avait de deux à trois mètres en dedans ;
mais elle était plus basse en dehors, à cause de l'élévation du rocher. Plus loin était une autre muraille faisant
partie des fortifications. Entre les deux murs était un
corps de garde, auprès duquel il fallait absolument passer. Une petite pluie qui tomba en ce moment nous fut
extrêmement favorable ; les sentinelles se mirent à l'abri,
et nous vîmes distinctement les soldats assis, la pipe à
la bouche, autour d'un brasier. Nous escaladâmes les
deux murailles, et fûmes obligés de passer à quelque
distance d'un second corps de garde.

Enfin nous arrivâmes sur les bords du précipice que
j'avais soigneusement reconnu. Je me mis en devoir de
descendre le premier. En conséquence, je me plaçai à
reculons et me traînai sur les mains sans mouvoir les
pieds. La descente fut d'abord assez douce ; mais bientôt
je glissai avec une rapidité effrayante, et trouvai le

précipice beaucoup plus profond que je ne l'avais jugé du haut du rocher. J'amortis la vitesse de ma chute en m'accrochant aux branches d'un arbre que je rencontrai près du fond. Bientôt après je fus rejoint par mes compagnons, qui suivirent mon exemple, et s'accrochèrent comme moi aux buissons et aux arbustes. Il était alors près d'une heure du matin, et la lune, comme nous l'avions calculé, commençait à paraître.

J'ai déjà dit que nous étions douze fugitifs. Nous nous avançâmes du côté de l'épaisse forêt qui entoure la base du rocher. Je souffris singulièrement en traversant un petit bois qui précède la forêt : je ne sais ce qui me tourmenta le plus, des épines dont les buissons étaient hérissés, ou de l'aspérité de la surface du rocher sur lequel je me traînai à l'aide des pieds et des mains. Tandis que je m'y frayais péniblement un passage, je fus tout à coup alarmé par le *qui vive* d'une sentinelle que je ne voyais point, et qui ne pouvait me voir davantage ; car j'étais comme enseveli au milieu des broussailles. Ce fut probablement le bruit des feuilles qui attira son attention, et le pauvre soldat dut être encore plus effrayé que moi ; car les tigres sont très communs dans ces cantons. Je m'arrêtai donc tout court, et m'acheminai ensuite du côté de l'est. J'avais remarqué, dans mes précédentes reconnaissances, qu'il n'y avait par là ni gardes ni sentinelles. Après avoir franchi tous ces obstacles, je m'avançai dans la forêt.

Les incidents dont je viens de rendre compte n'étaient pas ce qui m'affligeait le plus. Il avait été convenu que nous dirigerions notre course vers le nord, afin de gagner, s'il était possible, les États de Nizam : en m'enfonçant dans les broussailles, je m'aperçus que je m'étais écarté de mes compagnons.

J'ai toujours ignoré ce qu'ils ont pu devenir. Il est

facile de penser combien d'inquiétudes me causa cette
séparation, quelle vaste carrière elle ouvrit à mes conjectures. Mes camarades m'avaient-ils lâchement et
volontairement abandonné? ou bien notre séparation
était-elle l'effet du hasard? Ils avaient avec eux toutes
les provisions, ma santé était chancelante, je pouvais
les embarrasser, et il était assez vraisemblable qu'ils n'a-
vaient pas été fâchés ds se défaire de moi.

Il y avait néanmoins trop de noirceur et d'ingratitude
dans un semblable procédé, pour que mes soupçons
pussent s'y arrêter longtemps. Il me parut infiniment
plus probable qu'il leur était arrivé quelque malheur. En
effet, à peine eus-je mis le pied dans la forêt, que j'entendis le son des trompettes et du *tam-tam* (1), et je ne
doutai point que ce ne fût une alerte donnée dans le fort
au sujet de notre évasion. J'eus en outre lieu de craindre
qu'en dépit de mes instructions, mes camarades ne se
fussent obstinés à traverser les broussailles en ligne
droite, ce qui avait pu les faire découvrir de quelqu'un
des postes avancés, ou les faire tomber entre les mains
des soldats envoyés à notre poursuite.

Au milieu de ces réflexions sinistres, je ne fus pas
peu découragé par la perte de mes gâteaux de riz. J'étais
excessivement faible et ne pouvais aller loin sans nourriture. Plein de confiance dans la bonté de la Providence,
mais persuadé aussi que nous devons nous aider de tous
nos efforts et ne rien négliger jusqu'au dernier moment,
je continuai à m'avancer au nord. Cette marche pénible
m'occasionna du moins une crise salutaire. Une fièvre
intermittente, qui me travaillait depuis longtemps,

---

(1) Tambour indien qui consiste en un large disque de cuivre, au milieu
duquel on frappe avec une baguette rembourrée, et dont le son égale
presque celui d'une grosse cloche.

n'est plus revenue à partir de ce jour, quoique les fatigues, les peines auxquelles je me trouvais exposé, ne fussent rien moins que favorables à un convalescent.

Quand j'eus fait près de quatre kilomètres dans la forêt, je me trouvai au pied d'un fort, et ne m'en aperçus que par le *qui-vive* de la sentinelle. Je crus devoir par prudence m'abstenir d'une réponse, et, faisant un circuit, je continuai ma route sans interruption jusqu'au point du jour. En ce moment je me vis à vingt pas de deux détachements de soldats qui faisaient cuire leurs provisions au bord d'une source. Il était trop tard pour les éviter; je résolus donc de marcher rapidement de leur côté, espérant qu'on me prendrait pour un homme de la campagne. Dans cette intention, je m'enveloppai dans ma couverture, et passai assez près d'eux pour entendre leur conversation. Ils parlaient de moi, et se demandaient qui je pouvais être. « A coup sûr, disait un de ces hommes, c'est un Européen. — Non, répondit un autre; es-tu fou? Comment un Européen viendrait-il ici? Ne vois-tu pas que c'est une femme? »

Dans ce moment mes fers produisirent du bruit, et cette circonstance termina la dispute; on crut qu'il était produit par ces anneaux et ces chaînes de cuivre dont les femmes indiennes se chargent les bras et les jambes; aussi me laissa-t-on passer sans difficulté, quoique je fusse peu rassuré dans une situation aussi critique.

Je marchai encore après cette aventure trois kilomètres, et me trouvai, au lever du soleil, dans une partie fort épaisse du bois. Je choisis ce lieu pour me reposer, trouvant qu'il était imprudent de voyager autrement que pendant la nuit.

A peine étais-je couché que je me sentis tout roide; mes membres étaient accablés de lassitude et de douleur. En examinant mes fers, je vis qu'à force de frotter contre ma jambe ils avaient enlevé la peau et fait un trou assez profond.

Je ne m'en étais pas aperçu pendant que je marchais et que tous mes sens à la fois étaient dans la plus grande agitation; je souffrais alors des douleurs aiguës. Je reconnus que si je ne me délivrais point de mes chaînes, ce serait en vain que je chercherais à aller plus loin; mes pieds étaient enflés et tout meurtris par les aspérités du rocher. Heureusement le grand couteau m'était resté; à force de peine et de patience, j'eus entièrement limé et enlevé les fers avant la fin du jour. Cette circonstance me causa une joie extrême, et il me sembla que j'avais acquis des forces nouvelles, quoique je n'eusse rien mangé pendant toute la journée.

Quand il fut temps de me mettre en marche, je montai sur une colline pour reconnaître le pays. Ce qu'il y avait de plus fâcheux, c'est que j'étais obligé d'éviter les plaines. Pendant quatre jours j'errai à l'aventure au milieu des rochers et des montagnes, sans prendre, pour ainsi dire, aucune nourriture, aucune boisson; car les baies des arbustes que je cueillais, les herbes que je suçais irritaient mes besoins au lieu de les satisfaire. Je me sentis enfin si faible et tellement épuisé, qu'à moins d'un secours inespéré et miraculeux le jour suivant devait être le dernier de ma vie. Je n'en persistai pas moins dans mes efforts. Je goûtai d'abord quelque repos et dormis plusieurs heures, malgré la faim qui me tourmentait.

Le lendemain matin, 4 décembre, je me levai dans la situation de corps et d'esprit la plus misérable qu'on puisse imaginer. Après bien des recherches, j'eus enfin le bonheur de découvrir un hameau consistant en quelques cabanes. Cet aspect me donna un nouveau courage; je savais bien qu'il n'y avait rien à craindre des bons habitants de ces cantons. D'ailleurs, sachant bien la langue

des Kenneris, je pouvais me donner pour qui je voulais;
et, dussent-ils reconnaître que j'étais un fugitif, il n'y
avait pas d'apparence qu'ils songeassent à me trahir.

Je m'approchai donc du hameau; la première personne que je rencontrai fut une vieille femme, à qui je
demandai en grâce quelque nourriture. Elle entra en
conversation avec moi; le bruit attira d'autres femmes
qui, me voyant faible et exténué, furent touchées de
compassion. Chacune d'elles courut à sa cabane, et en
revint avec quelques provisions; on me fit manger du
riz bouilli, auquel on ajouta une espèce d'eau de gruau.
Jamais de ma vie je n'ai fait un repas plus délicieux. Je
me présentai comme un rajepout (1) qui avait perdu son
chemin, et j'étais bien sûr que les gens de cette caste
étaient si peu connus dans le pays, qu'on ne me recon-
naîtrait point à la figure. Mon teint, altéré par l'ardeur
du soleil, les maladies et l'inanition, ne décelait point
en moi l'origine européenne.

Tous les hommes du village étaient partis pour leurs
travaux des champs; et quand ils eussent été présents,
je n'en aurais pas couru plus de danger.

Quand je dis à ces bonnes femmes que je retournais
dans mon pays, elles plaignirent mon sort, observèrent
le fâcheux état de mes pieds, et les lavèrent dans l'eau
tiède.

La prudence ne me permettait pas de faire un long séjour en cet endroit. A mon départ, mes bienfaitrices me
fournirent une couple de gâteaux de riz, et parurent
prendre à ma position le plus vif intérêt. L'une d'elles me
recommanda fortement de ne pas suivre une route qu'elle
m'indiqua, et qui conduisait à un de ces forts polygars
dont toute la campagne est couverte. Je reçus avec beau-

---

(1) Les *rajepouts* sont des soldats indiens attachés au service des
rajahs ou gouverneurs de province.

coup de plaisir cette information; car j'aurais justement pris ce chemin si elle ne m'eût averti.

Je quittai ces excellentes femmes le cœur partagé entre la reconnaissance et les inquiétudes qui me dévoraient. Leurs bons offices, leur tendre hospitalité me réconciliaient si bien avec la vie et avec la société des hommes, que je ne pouvais songer sans frémir au peu d'apparence de jamais rejoindre mes compatriotes.

Je m'enfonçai dans les bois, et pris grand soin d'éviter le fort polygar et ses dépendances, sachant trop bien à quel point ces hommes différaient des simples, bons et sensibles Kenneris.

Le lendemain matin, j'eus le bonheur de rencontrer quelques arbres portant une baie qui, par la couleur, la grosseur et la forme, ressemble aux senelles d'Europe. Comme ce fruit est sain et agréable au goût, j'en mangeai autant que mon appétit le comportait, et je mis dans un pli de ma couverture tout ce qu'il me fut possible d'emporter.

Je continuais à m'acheminer vers le nord, et toujours au milieu des bois, lorsque, le 8 au matin, j'aperçus dans une clairière deux tigres qui étaient à la distance d'une centaine de pas et venaient tout droit devant moi.

C'était pour la première fois de ma vie que je voyais de ces animaux vivants. Malgré l'effroi dont j'étais pénétré, je ne perdis point la tête. Les tigres passèrent tout près de moi sans avoir l'air de m'apercevoir; ce ne fut que quand ils m'eurent dépassé qu'ils tournèrent la tête, et qu'à ma grande satisfaction ils s'enfuirent à toutes jambes. On pense bien que je ne cherchai pas à les déranger.

Une heure après je fus surpris par une troupe de polygars qui revenaient de la chasse. J'avoue de bonne foi que leur aspect m'épouvanta plus que celui des tigres.

C'était de tous les périls celui que j'appréhendais le plus, et l'on va voir si mes craintes étaient fondées. Les polygars me firent aussitôt prisonnier et me conduisirent dans un petit fort à l'ouest de la forêt. Il n'était pas encore tout à fait nuit lorsque j'y arrivai ; j'eus le temps de remarquer derrière le glacis un vaste étang, et je méditai de me sauver par là, si j'avais le bonheur d'échapper à mes gardes.

On me conduisit dans un fort, et je fus amené au gouverneur, qui m'adressa la parole en langue kenneri. Comme je feignais de ne la point connaître, il me demanda en langue maure d'où je venais et qui j'étais. Je répondis que j'étais un rajepout licencié de l'armée de Tippoo-Saïb, et que je retournais dans ma patrie. Sur la demande qu'il me fit de mes papiers, je répondis que je les avais perdus en route. Pendant cet interrogatoire, je vis que l'on m'observait attentivement, et que les yeux de mes *argus* se portaient sur un trou de ma couverture à travers lequel on voyait ma peau, qui n'était pas aussi rembrunie que celle du visage. En effet, j'avais la figure aussi noire que le jais, à force de la frotter avec du tabac infusé dans de l'eau : c'était le seul remède que j'eusse à ma disposition contre les piqûres des épines qui à chaque instant me déchiraient le visage. Je devinais les conjectures des officiers polygars, quoique je fisse semblant de n'y pas prendre garde. Ceux-ci, après s'être expliqués en langue kenneri, se fixèrent sur l'idée que j'étais un Européen déserteur des bataillons de chaylabs.

Le chef ordonna qu'on me mît en prison au centre du fort. Les discours de ces gens me firent comprendre que j'étais tombé entre les mains de soldats au service de Tippoo. Mon nouveau geôlier me dit en langue maure que je fusse tranquille, qu'on me donnerait de quoi manger, et que je ne recevrais aucun mauvais traitement.

C'était dans mon état une faible consolation. Je frémissais à la perspective d'être retombé dans les mains de mon plus cruel ennemi. On me laissa sous la garde d'une sentinelle, jusqu'à ce que l'on eût reçu des ordres ultérieurs du killadar, qui était alors absent.

Il était évident que pour me soustraire au danger imminent qui me menaçait, et pour éviter un second voyage à Séringapatam, il n'y avait pas un instant à perdre. Je résolus donc de faire sur-le-champ un essai d'évasion. Dès que la foule des curieux se fut éloignée, je me plaignis d'une soif brûlante, et suppliai la sentinelle de me procurer un peu d'eau. J'étais réduit au dernier état de faiblesse quand on m'avait pris, et je m'étais supposé encore plus malade.

La sentinelle, ne se défiant guère de moi, et se doutant peu que je fusse en état de fuir, alla chercher de l'eau; mais dès que le soldat fut hors de la vue je m'enveloppai dans ma couverture, et sortis par une des portes, sans que personne songeât à m'arrêter. Les soldats n'étaient point avertis, et d'ailleurs il y avait un peu de foule. C'était l'heure où les gens de campagne revenaient de leurs travaux des champs. Je marchai à petits pas, jusqu'à ce que je fusse à cinquante pas de l'enceinte extérieure. Alors, tournant à droite, je courus le plus promptement possible à travers un marécage, et passai à gué l'étang que j'avais remarqué en arrivant au fort. Lorsque je l'eus traversé, je regardai derrière moi, et je vis de tous côtés des torches allumées et en mouvement; j'en conclus que les polygars me cherchaient. Je continuai bien vite mon chemin dans diverses directions, et au bout d'une heure je fus tout à fait en sûreté.

Mais, nouvel embarras, j'étais arrivé sur les limites d'une campagne découverte, au milieu de laquelle je fus obligé de marcher pendant trois nuits consécutives, me cachant durant le jour au milieu des hautes herbes, et dans les cavernes que je rencontrais. Ce fut là que je me vis obligé d'entamer les gâteaux de riz, auxquels je ne touchai que le plus tard possible.

Mon voyage était le plus pénible qu'on puisse imaginer. Je choisissais de préférence les endroits les plus embarrassés et les moins praticables; je passais à gué les ruisseaux et les marécages, ayant de l'eau ou de la boue jusqu'aux genoux. Ce parti était plus sûr que celui de suivre les bords des rivières, car j'eusse infailliblement rencontré des détachements de polygars, ou je fusse arrivé à leurs villages; ils en établissent partout où il y a de l'eau. Depuis ma dernière aventure, celui de tous les êtres animés qui m'effrayait le plus était celui que la Divinité a créé à son image!

Le 12 décembre j'atteignis un district tout hérissé de rochers, couvert çà et là de petits bois. Accablé de lassitude et de faim, je m'arrêtai dans un de ces bois, et pour oublier mes maux je me jetai dans les bras du sommeil. Après avoir dormi quelques heures, tout faible que j'étais, je sentis du soulagement, et je fis encore quatre kilomètres. A ma joie indicible, je découvris enfin quelques-unes de ces baies qui m'avaient été si salutaires; j'en dépouillai avec avidité tous les arbres, et j'en rempli toute ma couverture. Ce secours me mit en état de marcher, presque sans interruption, jusqu'au 15, à la pointe du jour.

Quelle fut ma terreur, lorsque je me vis dans une vaste plaine, entouré de villages polygars, ayant en face de moi un fort habité par ces hommes cruels! Je vis sortir de ce fort les laboureurs qui allaient à leurs travaux de campagne : jugeant qu'il m'était impossible de les éviter, et pour donner le moins de soupçons qu'il était possible, je résolus d'aller hardiment au-devant d'eux, espérant qu'on me regarderait comme un voyageur ordinaire.

Je n'étais pas très avancé dans la plaine, lorsque je fus arrêté et interrogé par une patrouille de polygars. Je sentis qu'il devait y avoir dans ce fort une garnison de troupes de ligne de l'armée de Tippoo, et qu'il me serait impossible de me faire passer pour un Indien aux yeux d'hommes composés de toutes les castes et de toutes les nations de l'Inde. Je répondis donc en langue maure, et sans hésiter, que je venais du camp des Anglais et me rendais à Gouti. On me demanda quel était l'objet de mon voyage. Je répliquai que plusieurs de mes amis et de mes camarades, pris avec le général Matthews dans la dernière guerre, s'étaient enrôlés au service de Tippoo, qu'ils m'avaient écrit d'aller les joindre, et m'assuraient qu'ils se trouvaient fort bien.

Gouti était la seule place frontière des États de Tippoo, de ce côté; comme elle confine au territoire de Nizam, vers lequel je me réfugiai, je crus qu'en nommant cette ville on pourrait ajouter fois à mon récit.

Cependant la patrouille ne me laissa point aller, comme je m'en étais flatté; elle me conduisit dans le fort. Le killadar me fit subir un second interrogatoire, et j'eus soin de répéter exactement la même histoire.

Le killadar me fit beaucoup de questions sur le pays du Carnate, disant qu'il y était né, et n'avait pas de plus grand plaisir que d'en entendre parler. Comme je ne pouvais lui donner beaucoup de satisfaction à ce sujet, je lui dis que depuis six mois seulement j'étais arrivé du Bengale, que je n'avais fait que traverser le Carnate, mais que le peu que j'en avais vu était dans le plus florissant état.

Il me demanda ensuite comment il se faisait que je fusse tout nu et dans une aussi affreuse misère; car, ajouta-t-il, les Européens n'ont point coutume de voyager sans habits. Je repartis qu'en partant de Carnate je ne possédais que quatre roupies (environ dix francs); que depuis longtemps je les avais dépensées, et avais été réduit à vivre d'aumônes; que quant à mes habits, je m'en étais dépouillé, afin de n'être point reconnu pour Européen, non seulement des gens du pays, mais de mes compatriotes eux-mêmes, qui, s'ils m'eussent arrêté, m'auraient traité comme un déserteur.

Le killadar trouva mes raisons assez plausibles; il me fit donner à manger, et s'en alla. Au bout d'une heure il m'interrogea de nouveau, et essaya de voir si je ne tomberais pas dans quelques contradictions. Pour mieux me sonder, il me dit que les Marattes avaient dernièrement pillé tous les environs, et qu'ils étaient campés, avec des forces considérables, à soixante à quatre-vingts kilomètres de là. Il finit par me conseiller d'entrer à son service.

Je répliquai que, puisque j'avais déjà souffert tant de peines pour rejoindre mes amis, rien ne pouvait me déterminer à y renoncer, et que je ne m'engagerais jamais au service de qui que ce fût avant mon arrivée à Gouti, si toutefois c'était son bon plaisir de me laisser achever mon voyage.

Je fus bien agréablement surpris lorsque le killadar m'eut donné son consentement. Pour mieux le convaincre de ma sincérité, je lui demandai la permission de passer la nuit dans le fort, et le priai de me faire indiquer la route que j'avais à suivre pour ne point tomber entre les mains des Marattes.

Le lendemain 16, je partis de grand matin chargé de quelques provisions et accompagné d'un guide, à qui le killadar avait donné ordre de me montrer le chemin. Lorsque je me vis encore une fois rendu à la liberté, ma joie fut si grande, qu'à peine en pus-je croire mes sens, et que pendant quelques minutes je m'imaginai avoir le cerveau troublé par un rêve trompeur. Rien n'était plus miraculeux qu'une telle délivrance, et que la confiance donnée par le killadar à une histoire véritablement absurde.

Le guide qu'on m'avait accordé ne tarda pas à se fatiguer de sa mission, et accepta avec empressement la permission que je lui donnai de s'en retourner. Je ne suivis pas longtemps cette route, et pris bien vite le chemin du nord. Les gâteaux de riz qu'on m'avait laissé emporter, les baies que je cueillis sur les arbres soutinrent mes forces chancelantes; et dans la nuit du 23, comme je venais de gravir péniblement une hauteur, je me trouvais au pied d'un fort, et la sentinelle cria *qui vive!* J'avais déjà aperçu des lumières, et je m'étais tourné du côté opposé; en ce moment je vis deux autres torches allumées, et la sentinelle redoubla son cri d'alerte. J'en conclus que l'on m'avait découvert. Un plus grand nombre de flambeaux sortirent d'une espèce de corps de garde. Craignant qu'on ne parvînt à m'envelopper, je rebroussai chemin et me cachai dans un bois : après y avoir parcouru l'espace de quatre kilomètres, je montai sur un autre rocher, et de là j'aperçus à l'aube du jour le fort dont je viens de parler. Je me cachai dans une caverne et me mis à dormir. Je ne fus réveillé qu'à trois heures de l'après-midi par le bêlement des moutons ; et, regardant par une crevasse du rocher, j'aperçus des bûcherons à l'ouvrage. Je restai tranquille jusque après le soleil couché. Alors m'étant levé pour reconnaître le pays, j'entendis un bruit étrange. Comme je tournais timidement mes regards du côté d'où venait ce bruit, je fus bien étonné de voir un ours qui travaillait avec activité à creuser une tanière sous la même caverne où je m'étais reposé.

Quand j'eus choisi le chemin que je devais prendre, je descendis, très affaibli par le manque de nourriture. Je n'en marchai pas moins toute la nuit, ne m'arrêtant que lorsque mes forces m'empêchaient d'aller plus loin, et que la douleur de mes pieds devenait plus aiguë.

Dans la matinée, j'eus le bonheur d'atteindre un village qui avait été tout récemment pillé par les Marattes. Je fis des recherches au milieu des décombres, et j'y trouvai un peu de riz et d'autres provisions, quelques pièces de monnaie, un peu de tabac, un vieux vase de terre et un bâton de bambou, qui me fut très utile pour me soutenir. Je m'assis en cet endroit, mangeai du riz, que je trempai dans l'eau froide, faute de feu pour le faire bouillir, et je repris ma course. Bientôt je découvris un champ de *jarra,* sorte de graine que l'on mange dans l'Inde. Je passai tout le reste du jour à en cueillir les têtes et à en extraire le grain en les frottant entre mes mains.

Je me trouvai, malgré ces secours, beaucoup plus faible que je ne l'avais encore été. De temps en temps j'étais obligé de m'arrêter pour me reposer. En dépit de tous mes efforts, je pus à peine faire huit kilomètres dans l'espace de vingt-quatre heures. L'excès des maux dont j'étais accablé n'avait cependant pas ébranlé mon courage ; mais je vis enfin le moment où je ne pourrais pas aller plus loin. Je redoublai d'efforts, et me traînai lentement au milieu des bois et des rochers ; le 28, je me trouvai au bord d'une petite rivière, où je faillis voir le terme de mes souffrances et de ma vie.

En essayant de passer cette rivière, je me sentis tellement épuisé par la fatigue, que je fus entraîné par le courant, et j'aurais infailliblement péri si je n'eusse eu le bonheur de m'accrocher à des joncs. Dans cette lutte, où je disputais à la mort les restes d'une vie presque éteinte, je perdis mon vase de terre, mon tabac et toutes mes provisions. Lorsque j'eus atteint la rive opposée, je tombai sur le gazon, et je crus que je ne pourrais jamais me relever.

Un sommeil de quelques heures me procura néanmoins un faible soulagement, et me prêta des forces nouvelles. En un mot, je fus en état de braver jusqu'au 1er janvier la disette et la fatigue. La contrée que je parcourais est si stérile, qu'à peine pouvais-je y trouver des baies sauvages qui durant cinq jours furent mon unique aliment.

Le jour du nouvel an, j'aperçus la fin de la longue chaîne de montagnes au pied desquelles j'avais si longtemps marché ; mais au moment où je commençais à concevoir des espérances, il se présentait un nouvel obstacle insurmontable en apparence, et qui semblait devoir me priver du fruit de tant de travaux.

La rivière de Tangbaudar, qui coule de l'est à l'ouest, au sud du pays de Gopaud, me barrait le passage. Il n'y avait aucune possibilité de parvenir au bord opposé. Point de bateau ; et j'étais si faible, qu'il n'y avait pas moyen de passer l'eau à la nage. Dans cette affreuse perplexité, je regardais de tous côtés, cherchant quelque morceau de bois ou quelque grosse branche sur laquelle je pusse m'abandonner à la dérive. Je ne trouvai rien de ce que je cherchais. Je suivis néanmoins machinalement et sans but les bords de la rivière ; bientôt j'aperçus un bac. Dans mon allégresse, je crus que rien n'était plus simple que de monter dans le bateau et de me faire passer ; mais le batelier, me prenant, à ma figure, pour un voleur, et bien convaincu que je n'avais pas de quoi le payer, ne voulut pas me permettre d'approcher. Il était impossible de le contraindre par la force ; et je craignis, si j'insistais avec trop de chaleur, de me faire découvrir. Obligé de me soumettre à ma destinée, je résolus de côtoyer la rivière jusqu'à ce que je rencontrasse un gué, ou tout autre moyen de la passer.

Je ne tardai pas à apercevoir sur l'autre rive deux forts considérables : au même instant j'entendis des coups de canon. J'en conclus que ces forts étaient assiégés, soit par les Anglais, soit par leurs alliés. Cette circonstance ne fit qu'augmenter mon impatience de passer la rivière.

Je marchai sans relâche jusqu'au lendemain, trois heure de l'après-dînée : voyant un corps de garde, je m'arrêtai. Je m'aperçus ensuite que c'était un piquet de cavalerie maratte ; mais ne sachant quel traitement je devais attendre de ces hommes et pour quel parti ils se battaient, je résolus de les éviter. Je fis en conséquence un grand circuit, passai par derrière les montagnes, et couchai dans un bois jusqu'au lendemain matin. A peine m'étais-je remis en route, que je rencontrai une vieille femme qui gardait ses vaches, et qui me fit présent d'un gâteau de riz. Elle me conseilla de faire attention à un corps de garde près duquel j'étais sur le point de passer. Plein de reconnaissance, je poursuivis ma route selon ses avis. J'arrivai dans une plaine cultivée où je cueillis des graines pour ma nourriture.

Le quatrième jour de mon voyage le long des bords de la rivière, je me trouvai dans les environs d'un fort que je n'avais point observé. Bientôt je fus arrêté par des Marattes et conduit au rajah Nalpoutty, commandant du fort. Le rajah faisait alors les préparatifs d'une expédition guerrière. Il me fit garder dans le fort, et ordonna que l'on prît soin de moi jusqu'à son retour.

Pendant son absence on découvrit que j'étais Européen. Le fils du rajah, jeune homme plein d'humanité, me témoigna les plus grands égards. Un chirurgien du

pays visita mes plai..s , et l'on me donna des vivres en
abondance ; mais j'eus soin de modérer mon appétit, et
de ne point surcharger mon estomac délabré par les
longues diètes.

Le 12 février, époque du retour du rajah , j'étais assez
bien rétabli; le lendemain il me fit paraître devant lui.
Depuis mon séjour dans le fort j'avais appris, à ma grande
joie, que c'était un des rajahs marattes dépossédés par
Tippoo en 1785 et 1786, et qui avaient profité, en 1790,
de l'approche des troupes anglaises pour rentrer dans
leur territoire et dans leurs droits. Ainsi ce n'était
point un partisan du sultan de Maïssour ; je répondis
franchement à ses questions, et ne lui cachai pas un mot
de la vérité. Il parut touché de mon récit, prit beaucoup
de part à mes souffrances, me fit donner une pièce de
drap pour couvrir ma nudité, et me pressa d'entrer à
son service.

J'entrevis que le plus sûr moyen d'obtenir cette liberté
pour laquelle je soupirais, c'était de me rendre à l'invi-
tation du rajah ; j'acceptai en conséquence ses offres. Je
reçus aussitôt la liberté de me promener dans le fort et
aux environs, et l'on m'accorda tout ce dont j'avais besoin.

Je répondis avec tous les témoignages possibles de
gratitude aux promesses que fit le rajah de me procurer
un avancement rapide, et j'affectai d'être bien satisfait
de ma condition actuelle. Je passais à me promener
toutes les heures du jour ou de la nuit où je n'étais pas
de service : je sus inspirer tant de confiance à la garnison, que lorsque je partis dans la nuit du 14, entre neuf
et dix heures, personne ne s'en aperçut. Je m'avançai
tout droit vers la rivière, qui en cet endroit a deux cents
mètres de large, quoique plus étroite ailleurs ; j'y plongeai intrépidement et la passai à la nage.

J'avais appris dans le fort que la forteresse que j'avais

vue le premier jour de mon arrivée auprès de la rivière était celle de Gopaul, bloquée par les troupes du Nizam. Je me dirigeai de ce côté, et marchai sans interruption jusqu'au lendemain onze heures du matin. Je m'arrêtai dans un village pour prendre des rafraîchissements, et les payai avec quelque monnaie provenant de la vente que j'avais faite d'une partie de ma ration de riz.

A trois heures de l'après-dinée je me remis en marche, et arrivai au camp de Gopaul après la nuit close. Quelques sujets du Nizam à qui je racontai ma lamentable histoire me recueillirent, et m'envoyèrent sur un éléphant au camp de Monberjoung.

J'avoue que je ne fus pas peu étonné de me voir échappé aux fers de mes ennemis pour tomber dans ceux de nos alliées : en effet, on me mit tout de suite en prison. J'avais l'air d'un homme qui tombe des nues : tout paraissait suspect dans ma personne et dans mes aventures, et je devais naturellement être considéré ou comme un vil transfuge qui, après avoir déserté les drapeaux de son pays, abandonnait ceux de Tippoo-Saïb, ou, ce qui était encore pis, comme un espion.

Cette nouvelle aventure m'inspira peu d'inquiétude : je réfléchis que j'étais entre les mains d'un allié, qu'il y avait des Anglais dans les environs, et que toute méprise serait bientôt éclaircie ; je m'endormis donc avec assez de calme.

Le 16, dès le matin, je fus conduit à un officier général indien qui me fit quelques questions auxquelles je répondis de mon mieux, en le suppliant de me faire conduire au général anglais. Cette faveur me fut accordée. Par malheur le chef était absent, et s'occupait à visiter les batteries. Je devins, en attendant, l'objet de la curiosité des soldats. On me présentait comme un Français attaché à Tippoo-Saïb, qui avait tenté de pénétrer dans la forteresse pour y porter des avis.

Quelques heures se passèrent ainsi : ma position devint des plus ennuyeuses, et les spectateurs importuns à l'excès, quoiqu'ils ne me fissent aucune violence. Enfin le lieutenant anglais, revenant des batteries, aperçut un attroupement; et, s'étant informé de ce que c'était, il congédia l'escorte que le Nizam m'avait donnée, et me fit conduire à la tente du capitaine Dalrymple.

Je racontai à cet officier mon histoire et toutes les particularités de ma délivrance : il lui était impossible d'en douter, car je nommais avec précision tous mes camarades d'infortune, et je faisais mention exacte des diverses époques. Il voulut bien me faire ses compliments de ce que mes malheurs étaient à leur fin; il me fournit tous les rafraîchissements qui m'étaient nécessaires, et y ajouta le don de quelques roupies, d'un habit, d'un chapeau et de linge. Ainsi, après dix ans d'une détention cruelle, je me trouvai de nouveau vêtu à l'européenne, rendu à la liberté et au milieu de mes compatriotes.

Le lendemain le capitaine Reid, qui commandait le détachement anglais, me fit appeler auprès de lui, et je lui détaillai toutes mes aventures. Il m'accueillit avec bonté et m'offrit un sauf-conduit pour Madras, le Bengale, ou tout autre lieu où je devais aller. Je profitai de ses offres, et j'arrivai sans nouvel accident au fort William, où je rejoignis mon corps.

Ainsi se termine la relation de M. Bristow. Nous devons ajouter que les autorités militaires du Bengale, instruites de ses souffrances, lui accordèrent à titre d'indemnité toute la portion arriérée de sa solde depuis son emprisonnement. Il rejoignit peu de temps après la grande armée, et y obtint de l'avancement, que lui méritaient ses talents et ses malheurs.

VII

AVENTURES DE QUATRE MATELOTS RUSSES

ABANDONNÉS SUR LES CÔTES DU SPITZBERG

En 1743, un petit navire destiné à la pêche de la baleine et des veaux marins partit du port de Chetzen, situé sur la mer Blanche. Poussé par un vent favorable, dès le huitième jour il se trouva dans les mers du Spitzberg, lieu de sa destination. Dans l'espoir de faire une pêche plus abondante, le capitaine s'avança sur la côte orientale du Spitzberg, moins fréquentée par les pêcheurs. Mais il eut bientôt lieu de s'en repentir; car à peine fut-il arrivé dans ces parages, qu'il vit son navire entouré d'énormes glaçons et complètement emprisonné.

La position du bâtiment était des plus critiques. Après avoir tenu conseil à bord, on décida que quatre hommes de bonne volonté essaieraient de gagner, en traversant les glaces, l'île connue sous le nom de Spitzberg oriental, qu'ils apercevaient distinctement à quatre kilomètres devant eux. Le capitaine savait que plusieurs années auparavant un équipage également surpris par les glaces avait pris la résolution de passer l'hiver dans cette île; que, dans ce dessein, les hommes qui le composaient s'étaient munis de tout le bois nécessaire pour la construction d'une hutte, et qu'ils avaient réellement exécuté leur projet. On ne douta point que la hutte ne dût s'y trouver encore ; on résolut de la chercher et d'en prendre possession.

Dans cette vue, le contre-maître appela trois matelots pour l'accompagner, parce qu'il voulait aller à terre lui-même et exécuter ce dessein. Il se nommait *Alexy Himkof*, et les trois matelots *Ivan Himkof*, *Stephan Scarapof*, et *Féodor Woriguin*. Peut-être mes lecteurs seront-ils étonnés que je pousse l'exactitude jusqu'à leur citer les noms de simples matelots. Mais patience ; j'espère les voir bientôt s'incliner devant des noms si peu célèbres, et honorer dans ces matelots des héros qui méritent plus de respect que plusieurs de ceux qui ont gagné des batailles. En quittant leur bâtiment, voici les seuls objets qu'ils emportèrent : un fusil, un cornet avec douze charges de poudre et autant de balles, une hache, un petit chaudron, un sac contenant dix kilos de farine, un briquet, un bout de mèche, un couteau, une bourse pleine de tabac, et quatre pipes de bois. Ce n'est pas non plus sans raison que je détaille ces menus effets.

Chargés de ce petit nombre d'objets, ils descendirent de leur vaisseau sur la glace. Le chemin, de là jusqu'à la côte, pouvait être d'environ quatre kilomètres, mais la route était dangereuse. Il fallait passer sur des glaçons qui ne s'étaient point encore attachés les uns aux autres, et que le roulement des vagues de la mer faisait mouvoir en tous sens. Il fallait donc sauter d'un de ces glaçons à l'autre, et bien prendre garde à ne pas faire le saut trop court, ou de glisser, car il y allait de la vie. Cependant ils en vinrent heureusement à bout, et arrivèrent sans accident à l'île, pays triste, couvert de neiges, de glaces et de rochers stériles.

Ils marchèrent ensuite un bout de chemin, et ils ne furent pas longtemps à trouver la hutte qu'ils cherchaient. Elle était à environ un kilomètre du rivage, et

ils virent avec joie que les dommages qu'elle avait soufferts pouvaient se réparer. Elle avait près de douze
mètres de long, six de haut, autant de large. Il y avait
une petite antichambre, et par conséquent deux portes
qui fermaient, l'une l'antichambre, l'autre la chambre
intérieure. Cet arrangement avait beaucoup contribué à
entretenir la chaleur dans l'appartement, une fois qu'il
était chauffé. On y trouva en outre un fourneau d'argile
à la russe, c'est-à-dire une espèce de four sans cheminée. Ces sortes de fourneaux ou poêles sont fort en usage
en Russie, et ils servent au paysan non seulement pour
se chauffer, mais encore pour faire la cuisine, et en
même temps de lit pour dormir, car une partie de la
famille a coutume de se coucher dessus. Pour en faire
sortir la fumée, on pratique dans les murs de la chambre
de petites ouvertures qu'on peut ouvrir ou fermer à volonté. Ces ouvertures servent aussi de fenêtres, et empê-
chent que la fumée ne descende jamais plus bas qu'à la
hauteur d'un homme assis.

Nos quatre Russes furent fort aises d'avoir trouvé cette
hutte, et ils y passèrent la nuit du mieux qu'il leur fut possible. Le lendemain, dès la pointe du jour, ils se mirent en
chemin pour porter la nouvelle de leur succès au vaisseau. Ils vinrent au rivage. Qui pourrait décrire l'effroi
de ces pauvres gens en voyant la mer entièrement dé-
gagée de glaces, mais sans y apercevoir aucun vaisseau!
Une tempête violente, qui avait éclaté pendant toute la
nuit, était la cause de ce désastre.

Ils demeurèrent pendant quelque temps tout stupé-
faits, et se considérèrent mutuellement avec des regards
de douleur et d'effroi. Enfin ils reprirent courage, dans
l'espérance que le vaisseau n'aurait peut-être été qu'é-
carté par la tempête, et qu'il reviendrait... Espérance
vaine, il ne reparut plus, et même en Russie on n'en a

jamais entendu parler depuis ; de sorte que, suivant toute apparence, il a été abîmé.

Dès que les Russes eurent cette terrible certitude, ils envisagèrent avec horreur leur situation désespérée. Vivre sous un climat si rude, dans une île déserte, avec une si petite portion de farine, et si peu de moyens, soit pour se défendre contre les bêtes féroces, soit pour se procurer quelque nourriture convenable, éloignés de toute créature humaine, et presque sans espoir de se voir délivrés..., c'était une idée capable de frapper de terreur l'homme le plus courageux.

Mais nos Russes étaient des gens qui savaient que les lamentations ne servent à rien. Ils revinrent donc bientôt de la consternation qui les avait d'abord saisis, et commencèrent à tenir conseil sur ce qu'il y avait à faire pour prolonger leur vie autant qu'il plairait à Dieu, dans l'état d'abandon où ils se trouvaient. La première chose à laquelle ils durent penser sur ce point, ce fut la réparation de leur hutte ; les Russes, étant tous accoutumés à se construire leurs demeures eux-mêmes, sans le secours d'aucun charpentier, ne pouvaient trouver aucune difficulté à réparer ce qu'il y avait d'endommagé, pourvu qu'ils pussent se procurer les matériaux nécessaires, savoir : du bois et de la mousse pour boucher les ouvertures et les fentes qui se trouvaient dans leur cabane. Mais comment avoir ces objets dans une île toute déserte, où l'on ne voyait pas le moindre arbuste, bien moins encore des arbres !

Cependant la Providence avait pourvu d'avance à leurs besoins. Ils trouvèrent sous la neige et entre les rochers de la mousse à foison ; sur le rivage ils aperçurent çà et là des débris de vaisseaux brisés, et, ce qui leur fit encore plus de plaisir, du bois flotté, consistant en partie en grands arbres avec toutes leurs racines.

Ils firent encore une autre découverte dont ils ne ressentirent pas moins de joie. Ils virent qu'il y avait beaucoup de rennes dans cette île, lesquels se nourrissaient de mousse. La faim commençait à se faire sentir, ils employèrent d'abord un des douze coups qu'ils avaient à tirer, pour tuer un de ces animaux, ce qui leur fournit de la nourriture pour plusieurs jours; et alors ils se mirent avec une nouvelle ardeur et de nouvelles forces à réparer leur cabane; quelques jours leur suffirent pour en terminer les travaux.

Leur second soin fut de se procurer une provision de bois à brûler, nécessaire pour se garantir dans leur demeure du froid qui les menaçait.

Ils n'eurent pas moins de succès dans cette entreprise, et, comme ils tuaient de temps en temps quelques rennes, leurs principaux besoins étaient satisfaits, et leur état se trouvait supportable pour des gens qui n'étaient pas corrompus par une vie molle et voluptueuse. Mais combien de temps cela pouvait-il durer? Leur poudre et leur plomb tiraient à leur fin, et ils n'avaient pas d'autres armes. Avec quoi devaient-ils tuer ensuite les rennes? De plus, comment se défendre contre les attaques des ours blancs, avec lesquels il était plus que probable qu'ils seraient perpétuellement en guerre; car ils en avaient déjà observé fréquemment des traces dans le voisinage?

C'était là le moment où leur détresse allait vraiment commencer, et où il s'agissait d'avoir du cœur et de la tête, pour ne pas perdre courage dans cette perplexité extrême, où il fallait inventer de nouveaux moyens de conserver leur vie. Réfléchissez un peu, mes jeunes amis, à ce que vous auriez imaginé si vous eussiez été à la place de ces malheureux, pour résister tant à la faim qu'à la fureur des ours blancs. Je vous donne trois jours pour y

penser; c'est tout justement le temps accordé par le sort
à nos insulaires eux-mêmes, parce que leur dernier coup
est déjà employé, et qu'ils se nourrissent maintenant
de leur dernier renne.

Vous penserez peut-être qu'ils avaient une hache au
moyen de laquelle ils pouvaient se défendre au besoin
contre les ours. Fort bien. Mais elle ne pouvait servir
qu'à un seul d'entre eux; et quelle chance ne fallait-il
pas à celui-ci pour tuer son ours du premier coup! car,
si jamais il y manquait, l'ours ne lui laisserait pas le
temps d'en porter un second, de sorte qu'il était perdu,
lui et tous ses compagnons désarmés. Et que devien-
draient-ils s'ils se voyaient attaqués par deux, trois ours
à la fois? Que faire alors?

Supposons pourtant l'impossible. Supposons que la
hache leur eût suffi pour se défendre contre toutes les
attaques des ours; les voilà rassurés de ce côté. Mais
d'où tireront-ils leur subsistance? Comment approcher
les rennes, qui n'attaquent pas comme les ours, mais
qui fuient avec une telle vitesse devant ceux qui les
attaquent, qu'aucun homme n'est capable de les atteindre? Peut-être direz-vous : « Qu'ils fassent des lances, des arcs et des flèches; qu'ils se défendent contre les
ours avec les unes, et tuent les rennes avec les autres! »
Cela est bien plus aisé à dire qu'à exécuter. Pour que des
lances et des flèches fussent en état de servir, il fallait
des pointes de fer, et nos pauvres insulaires n'avaient
d'autre fer que leur hache, leur couteau, et un briquet
pour se procurer du feu. Tous ces instruments étaient
indispensables, et leur vie en dépendait; comment donc
en sacrifier un à quelque autre usage? Et quand ils auraient eu d'autre fer disponible, pouvaient-ils le forger,
n'ayant ni enclume, ni pinces, ni marteau?

Vous voyez bien que leur embarras était aussi grand

qu'on puisse le concevoir ; et j'avoue de bon cœur que
moi-même, au moment où j'écris ceci, je ne saurais
examiner aucun moyen pour sauver ces pauvres gens.
Mais l'homme est un être fécond, inépuisable en res-
sources dès qu'il est excité par le besoin et la détresse ;
et voilà pourquoi nous autres, qui dans l'intérieur de
notre appartement ne saurions en imaginer aucune pour
notre propre conservation, nous ne pouvons rien inventer qui soit propre à défendre et à nourrir nos pauvres
insulaires. Mais qu'on nous mette seulement dans cette
situation pénible, et je suis sûr que nous serons riches
en moyens, quoique nous ne puissions en trouver à
présent, quelque effort d'esprit que nous fassions. Sans
doute qu'il faudrait aussi que la Providence, qui gou-
verne tout, bénît nos recherches et nous procurât un
concours de circonstances heureuses, capables de nous
aider dans l'invention de semblables secours ; mais que
l'homme fasse d'abord son devoir, et il pourra espérer
avec certitude que la Providence divine fera le reste. Nous
allons voir la confirmation manifeste de ces vérités dans
les aventures qu'essuyèrent ensuite nos pauvres Russes.

Persuadés que dans la situation la plus désespérée on
ne doit jamais demeurer les bras croisés, ni se livrer à
un désespoir inutile, ils allèrent au rivage pour voir si le
hasard ne leur offrirait rien qui pût leur être de quelque usage. Ils y trouvèrent, parmi les débris d'un vaisseau brisé jadis, que la mer avait jeté sur la côte, une
chétive planche ; mais à cette planche il y avait un croc
de fer fort grand et fort gros, et plusieurs clous très
gros aussi. Cela serait pour nous une trouvaille fort in-
différente, parce que nous pouvons avoir tout cela dès
que nous en avons besoin ; mais pour eux c'était un
trésor inestimable qu'ils n'auraient pas troqué contre un
sac de pièces d'or.

Ils trouvèrent encore un autre objet précieux, qui sans doute à nos yeux n'aurait pas mérité la peine d'être ramassé, mais d'un plus grand prix pour eux que le brillant inestimable de la couronne de Portugal ; car ils s'attachaient seulement à la valeur réelle des choses, et non à celle que leur donnent les usages et l'imagination chez les hommes qui vivent en société : c'était une racine de sapin assez forte et assez flexible.

Munis de ces précieux trésors, ils coururent à leur cabane. En y retournant, ils aperçurent une pierre assez dure et plate par-dessus, qu'ils emportèrent également : elle devait leur servir d'enclume. Le grand croc qu'ils avaient trouvé était rond et gros au bout, et avait plus bas un trou, apparemment pour pouvoir le clouer. On commença par le mettre dans le feu pour le faire rougir, et l'on fit des pinces de cornes de rennes, afin de pouvoir le saisir quand il serait rouge. Dès que cela fut fait, on mit le croc rougi sur l'enclume, et l'on passa le plus gros des clous à travers le trou qui s'y trouvait pour l'élargir. On le fit rougir encore une fois ; on coupa ensuite avec la hache le bout recourbé et plus mince du croc ; ensuite on fit entrer un morceau de bois dans le trou élargi, et l'on eut... un marteau.

A l'aide de la même forge on fit une pointe droite du bout recourbé et mince du croc, qu'on en avait retranché. Ils l'aiguisèrent ensuite sur des pierres, et l'attachèrent avec des courroies de peaux de renne à une longue et grosse branche que la mer avait jetée sur la côte, et cela leur procura une lance : on fit un second instrument de ce genre avec un des plus gros clous.

Dès lors il s'agissait d'essayer si leurs armes soutiendraient l'épreuve, et c'est ce dont l'occasion se présenta bientôt. Un grand ours blanc qui avait découvert nos étrangers s'approcha de la cabane, et dès qu'on l'aperçut on résolut d'aller courageusement à sa rencontre. C'est ce qui fut, en effet, exécuté par deux des matelots, qui, armés de lances, lui en plongèrent les fers dans la gueule ouverte, et eurent enfin, quoique avec les plus grandes peines, le bonheur de le tuer; car le monstre faisait des efforts terribles pour se dégager. Les vainqueurs, après avoir essuyé la sueur de leur front, traînèrent le corps mort à la cabane.

La chair de l'ours leur servit pendant quelque temps de nourriture, et elle leur parut aussi bonne que celle du bœuf, soit qu'elle eût un goût à peu près semblable, soit que la faim lui servît d'assaisonnement. Sa grande fourrure leur donna un moyen de plus de se garantir contre le froid. Ils découvrirent encore dans les parties de son corps quelque chose qui leur semblait promettre les plus grands avantages, et sur quoi ils dirigèrent toute leur attention : c'étaient les nerfs ou tendons de cet animal. Ils trouvèrent, car ils avaient pris l'habitude de faire toutes sortes d'essais avec tout ce qu'ils rencontraient (méthode dont on ne saurait trop recommander l'imitation à tous les jeunes gens); ils trouvèrent, dis-je, que ces tendons pouvaient se partager en plusieurs filaments, comme le gros fil ou la ficelle. Cette découverte leur causa une extrême joie, et leur fut dans la suite de la plus grande utilité.

En y réfléchissant plus mûrement, ils comprirent bientôt qu'au moyen de ces nerfs ils pourraient se faire un instrument propre à tuer des rennes, et l'on mit aussitôt la main à l'œuvre. Il ne fallait qu'un petit travail avec le couteau pour donner à la racine de sapin qu'ils avaient trouvée en dernier lieu la forme d'un arc, et les nerfs convenaient parfaitement pour faire une excellente corde. Il ne s'agissait plus que d'avoir des flèches; et c'est ce qu'il ne fut pas difficile de se procurer. On forgea quatre clous

en autant de pointes de dards, on les aiguisa, et on les
attacha avec des fils de nerfs d'ours à de petits bâtons de
sapin, dont on garnit l'autre bout de plumes de poules
d'eau et d'hirondelles de mer; ils se trouvèrent donc par
ce moyen posséder un arc et des flèches.

Je le répète, l'homme est une créature admirable. Il
sait tirer parti de tout; il sait s'accommoder à toutes les
situations, se tirer de tous les embarras, pourvu qu'il
veuille faire usage de ce trésor si beau, si grand, si sacré
que le Créateur a placé dans son âme..., la raison! Soyez
fiers, mes jeunes amis, d'être hommes; mais honorez
aussi la nature humaine dans chacun de vos frères, qui
partage avec vous ces dispositions sublimes et admirables dont le Père universel de tous les hommes a pourvu
sa créature favorite sur ce globe.

Qui aurait cru, si l'expérience ne l'avait fait voir,
qu'un misérable croc de fer, quelques clous et une racine
de sapin pussent suffire à protéger quatre hommes, pendant plusieurs années, contre des animaux féroces dix
fois plus forts qu'eux, et à leur fournir de la nourriture en
abondance? C'est cependant une merveille que l'histoire
présente a réalisée. Nos braves Russes, armés de leurs
lances, attaquaient intrépidement quelque ours que ce
fût; et à l'aide de leurs quatre flèches ils ne tuèrent pas
moins de deux cent cinquante rennes pendant le temps
qu'ils furent dans cette île déserte, sans compter un
grand nombre de renards blancs et bleus.

Déjà nos matelots avaient su pourvoir à leurs besoins
les plus pressants : ils pouvaient se défendre contre les
ours, leurs ennemis les plus formidables; ils pouvaient
tuer des rennes et des renards pour apaiser leur faim.
Pour l'eau, ou ils la puisaient dans des sources qui jail-
lissaient çà et là des rochers, ou, lorsque le froid avait
changé toute l'eau en glace, ils fondaient la neige, et se

procuraient ainsi de quoi boire. Cependant ils manquaient de bien des choses pour rendre leur existence un peu agréable dans cette triste région du globe.

Ils avaient, il est vrai, du bois pour chauffer leur cabane; mais il fallait le brûler avec économie, parce qu'ils ne pouvaient prévoir si des tempêtes bienfaisantes leur fourniraient toujours une quantité suffisante de bois flotté. Ils avaient un petit chaudron; mais c'était le seul vase qu'ils possédassent pour puiser et pour garder de l'eau, ainsi que pour fondre la neige : c'eût été trop hasarder que de s'en servir pour faire la cuisine. Il fallait donc qu'ils se contentassent de griller seulement un peu leur viande, et qu'ils la mangeassent ainsi accommodée, sans pain ni légumes. Mais lorsqu'on a journellement une telle nourriture aux repas du matin, du midi et du soir, vous pensez bien qu'enfin on commence à désirer quelque variété. Ces hommes actifs employèrent donc toutes les facultés de leur esprit à inventer quelque chose qui pût leur tenir lieu de pain, et leurs recherches à cet égard ne furent pas non plus infructueuses.

Ils commencèrent par suspendre une partie de leurs provisions de viande au plafond de leur cabane, où ils l'exposaient à la fumée. Quand elle était assez boucanée, ils la pendaient en dehors à leur toit, mais de façon que les ours ni les renards n'y pussent atteindre. Dans cette situation, l'air et le vent la séchaient à tel point, qu'ils pouvaient la manger en guise de pain avec la viande fraîche. Cette méthode leur fut d'une double utilité : elle prévenait le dégoût de leur nourriture journalière, et leur fournissait un moyen de conserver pour l'avenir leurs provisions superflues de viande.

Mais voici un nouveau besoin. La longue nuit d'hiver approchait. Nous savons qu'elle dure dans cette région près de quatre mois. Que faire alors sans lampe, et com-

ment s'y prendre pour en avoir une? Peut-être pensera-t-on
qu'ils n'avaient qu'à entretenir soigneusement leur feu,
qui leur fournirait en même temps de la chaleur et de la
lumière. Fort bien. Mais si malheureusement ce feu venait
à s'éteindre, comment en refaire d'autre? Leur briquet ne
pouvait leur servir qu'autant qu'ils avaient de la mèche,
et le peu qu'ils en avaient apporté tirait à sa fin. Peut-
être ignoraient-ils la manière dont les sauvages s'y prennent pour faire du feu, en frottant avec rapidité deux
morceaux de bois l'un contre l'autre. Mais quand ils l'auraient connue, cela demande une adresse particulière
qu'on n'acquiert que par la pratique, et celle-ci manquait
absolument à nos Russes. Il faut aussi pour cela deux
sortes de bois, l'un dur et l'autre tendre, et celui que
nos gens avaient n'était que d'une espèce; c'était du bois
de sapin fort humide. Aussi il leur fallait absolument une
lampe, même pour entretenir le feu, et prévenir le danger de le voir s'éteindre.

Ils firent donc de nouveaux efforts d'imagination pour
satisfaire à un besoin si pressant. Par bonheur ils avaient
observé un endroit de l'île où il y avait de l'argile ou une
espèce de terre glaise. Cette observation faite en passant
leur suffit; ils se mirent d'abord à essayer s'ils ne pourraient pas former de cette terre un vase capable de leur
servir de lampe. Ils pétrirent l'argile en forme de lampe
et la firent sécher au feu. Dès que cela fut fait, ils fabri-
quèrent une mèche de vieux chiffons, et la remplirent de
graisse de renne au lieu d'huile. Enfin on alluma la
lampe; mais à peine la graisse commença-t-elle à se fondre,
qu'ils eurent le chagrin de voir qu'elle filtrait et dégout-
tait à travers l'argile. C'était là un accident aussi triste
qu'inattendu, et qui les menait bien loin de leur compte.

Mais ils n'en furent point découragés; au contraire,
ils songèrent au moyen de boucher les pores de l'argile

par lesquels la graisse passait. Dans cette vue ils firent un nouveau vase qu'ils commencèrent par bien faire sécher à l'air; ensuite ils le firent rougir au feu, puis ils le jetèrent dans de la farine bouillie, que par bonheur ils n'avaient pas encore entièrement consommée. Cette farine dissoute dans de l'eau bouillante pénétra et boucha jusqu'aux moindres pores de l'argile. Ils laissèrent alors sécher la lampe, et, quand ils en firent de nouveau l'essai, ils eurent la joie inexprimable de voir que cet expédient avait réussi, et que la lampe ne perdait plus l'huile. Pour la prémunir encore davantage contre cet accident, ils y collèrent en dehors un morceau de toile que l'un d'eux coupa de sa chemise; et pour empêcher que ce vase si important pour leur bien-être actuel ne vînt à se casser par quelque hasard fâcheux, accident qui les eût plongés dans un embarras irrémédiable, ils en firent sans délai une couple d'autres. Quant aux mèches, ils en préparèrent avec leurs chemises et de vieux cordages qu'ils avaient trouvés sur le rivage parmi les débris des vaisseaux.

Jusqu'ici nous avons vu, par l'exemple de ces braves gens, ce que peuvent l'attention et la réflexion animées par un vif désir de réussir. Nous allons maintenant avoir occasion d'apprendre d'eux de quelle importance il est souvent pour notre bonheur d'avoir tiré des observations de notre propre expérience ou de celle des autres.

Nos Russes commencèrent à se trouver attaqués du scorbut. On sait que cette maladie, à laquelle les marins sont si sujets, a d'ordinaire d'autant plus d'énergie qu'on est plus avancé dans la zone glaciale ou près des régions polaires. Elle consiste en une corruption du sang, qui se communique d'abord et surtout aux gencives, mais qui se répand bientôt dans tout le corps et rend extrêmement malade celui qui en est attaqué. Il était aisé de prévoir

que nos matelots en seraient bientôt atteints au point de
ne pouvoir se remuer, et par conséquent sortir, tuer des
rennes, des ours, ou chercher du bois. Parvenus à ce
point-là leur perte était certaine ; il ne leur restait plus
qu'à périr misérablement de la mort la plus douloureuse, de froid, de faim et de soif, sans nul espoir de
secours. Affreuse perspective.

A quoi leur auraient servi alors tous les efforts de leur
esprit, leur attention à saisir tout ce qui pouvait leur être
avantageux, leur patience inébranlable, leur confiance
en Dieu, leur courage, si à toutes ces vertus si belles et
si nécessaires il ne se joignait quelque accessoire sans
lequel ces qualités dans beaucoup d'occasions sont insuf-
fisantes pour nous tirer des plus grands embarras, par
exemple des connaissances, de l'expérience ? Notre esprit
ne saurait tout inventer ; la plus grande application de
notre part ne saurait tout faire, et la providence divine,
si pleine de sagesse et de bonté, ne nous assiste pas toujours par des miracles ; elle crée les moyens de nous aider ;
elle amène ces moyens à temps, lorsque nous mettons
notre confiance en elle, et que nous faisons de notre côté
tout ce que nous pouvons. Mais c'est à nous d'y faire attention, d'apprendre à connaître les productions de la nature, leurs propriétés et leurs effets ; de recueillir avec soin
le résultat de nos expériences et de celles des autres, et de
les conserver toujours dans notre mémoire, autre présent
dont nous sommes également redevables à la Divinité,
pour nous les rappeler à temps. Alors l'Être suprême,
qui prend plaisir aux efforts que font ses créatures pour
parvenir à la perfection et au bonheur, bénit l'emploi de
de ces moyens, et nous obtenons les secours qui nous
sont nécessaires.

Heureusement pour les autres, l'un de nos quatre insulaires s'était accoutumé dès sa jeunesse à faire grande

attention à ce que lui ou d'autres avaient été dans le cas d'éprouver, et à s'imprimer profondément dans l'esprit toutes les connaissances utiles qu'il avait eu occasion d'acquérir dans son état, *lors même qu'il n'avait pas pu prévoir en quoi elles pourraient un jour lui servir.* C'était le plus jeune d'entre eux, Ivan Himkof, le filleul du contre-maître. Par bonheur pour lui et ses compagnons, il se rappela, parmi plusieurs connaissances utiles qu'il avait rassemblées, quelques remèdes contre le scorbut dont les bons effets lui avaient été garantis par des gens dignes de foi. Il conseilla donc à ses camarades de suivre son exemple, et de se donner beaucoup d'exercice, un mouvement continuel, quelque rude que fût le temps, quelque terrible que fût le froid. « Car, ajouta-t-il, celui qui suivra son goût pour le repos et pour le sommeil ne s'y sera pas plus tôt abandonné quelques jours, qu'il ne pourra plus se lever, ni se remuer lorsqu'il voudra le faire. Ensuite, dit-il, il faut que nous cherchions autant de cochléaria que nous pourrons en tirer de dessous la neige et la glace, et que nous le mangions cru ; car on sait qu'alors il fait bien plus d'effet. Mais c'est un conseil que je n'ai pas besoin de vous donner. Il faudra bien le manger ainsi, puisque nous ne pouvons pas le faire cuire, quand même nous le voudrions. Ensuite, toutes les fois que nous tuerons un renne, il faudra nous résoudre à en boire le sang tout chaud : c'est ainsi qu'en usent nos anciens voisins, les Samoïèdes ; et j'ai souvent entendu dire qu'ils le font, non par sensualité, mais parce qu'ils savent par expérience que c'est un remède contre le scorbut. Enfin j'ai appris de ces mêmes Samoïèdes qu'ils font geler pour le même effet du poisson et de la viande, et qu'ensuite ils les mangent crus. Je ne vois pas de poissons sur notre côte, il est vrai, et quand il y en aurait en abondance, nous ne pourrions pas les prendre parce que nous n'avions rien pour cela. Mais, Dieu merci! nous avons de la viande ; nous en ferons de temps en temps geler des morceaux que nous mangerons crus, quoique la nature puisse répugner chez nous à un mets pareil, auquel nous ne sommes pas accoutumés. Mais lorsqu'il s'agit de remèdes, il faut demander de quoi ils guérissent et non quel goût ils ont. Allons donc, camarades, suivez mon exemple; venez chercher du cochléaria. »

Deux de ses compagnons, le contre-maître et le second matelot, suivirent son conseil et s'en trouvèrent bien ; mais le troisième, Féodor Woriguin, qui était gros, et par conséquent pesant, ne put gagner sur lui d'en faire autant. Il aimait tellement à rester sur sa couchette molle et chaude dans la cabane, tandis que les autres cheminaient dans la neige, et le sang des rennes, ainsi que la chair crue, déplaisait si fort à son goût délicat, qu'il ne pouvait absolument pas se résoudre à en manger sa part.

Il arriva que les trois premiers conservèrent leurs forces et leur santé ; Ivan Himkof, surtout, qui se donnait le plus d'exercice, acquit une très grande légèreté à la course, au point que même longtemps après le meilleur cheval ne pouvait le devancer. Mais Féodor Woriguin, qui se tenait sans cesse en repos, se trouva de jour en jour plus violemment attaqué du scorbut. Bientôt il lui fut impossible de sortir de sa cabane. Enfin il fut incapable de se livrer au moindre mouvement, et cette incommodité s'augmenta au point qu'il ne pouvait plus seulement porter la main à sa bouche, de façon que ses camarades, touchés de compassion, se virent obligés de le nourrir comme un enfant qui vient de naître. Il passa six années dans cet état, jusqu'à ce que la mort vînt mettre fin à ses souffrances.

C'est là encore un trait fort instructif dans cette histoire. On y voit combien il est nécessaire de *suivre les conseils de gens qui ont de l'expérience;* et l'on peut y apprendre encore *combien la paresse et l'habitude de la mollesse sont pernicieuses dans toutes les situations de la vie.* L'homme est semblable à l'eau : tant que celle-ci coule, elle reste fraîche ; à peine a-t-elle été quelques jours sans mouvement, qu'elle se gâte et qu'elle engendre la corruption. Tel est l'homme dès qu'il se livre au repos et à l'oisiveté. De l'activité, de l'activité, mes jeunes amis ; c'est l'unique moyen, l'expédient le plus sûr et le plus général de nous maintenir le corps et l'âme en santé et en gaieté. Une paresse commode nous plonge, au contraire, infailliblement dans les maladies, dans le malaise et dans la misère. Retenez bien cette leçon admirable.

Et si jamais quelqu'un de vous embrasse l'état d'homme de mer, qu'il sache ce que j'ai appris de plusieurs vieux marins expérimentés ; savoir : qu'il n'y a pas de meilleur moyen pour se garantir du scorbut et d'autres maladies ordinaires sur cet élément, que de se tenir dans une activité continuelle, et de céder aussi peu que possible au désir du repos et du sommeil, qui se fait bien plus sentir sur mer que sur terre. J'ai entendu dire une fois au commandant d'un vaisseau de guerre russe, qui avait été longtemps en mer, qu'il n'avait pas eu un seul homme scorbutique à son bord. Je le priai de me faire part des moyens dont il s'était servi pour conserver ainsi la santé de tout son équipage ; il me répondit :

« C'est en détournant mon équipage d'une lâche oisiveté, et en entretenant sans cesse parmi mes gens la gaieté et l'exercice. J'ai soin de les faire danser sur le tillac toutes les fois qu'ils n'ont rien à faire, et j'ai toujours trouvé que c'est un excellent moyen de leur conserver la santé. »

Nos héros (et je n'entends plus par là que les trois qui se maintinrent en activité, car le quatrième fut perdu pour lui et pour la société, dès le moment qu'il se fut livré à la paresse); nos trois héros donc avaient surmonté beaucoup de difficultés, mais il leur en restait bien d'autres à vaincre encore. Leurs chemises avaient presque toutes été employées à faire des mèches, et il fallait les ménager pour cela. Leurs bas et leurs souliers étaient usés. Leurs autres vêtements n'étaient pas en meilleur état, et ils étaient à l'entrée de l'hiver le plus rude. Il fallait donc qu'ils pensassent absolument à remplacer leurs habits par d'autres vêtements : et où les prendre?

Ils avaient bien des peaux d'ours, de rennes et de renards; mais elles n'étaient point préparées. Comment faire pour les rendre souples et capables de leur servir? Et quand ils y auraient réussi, comme devaient-ils s'y prendre, eux qui n'étaient ni tailleurs ni cordonniers, et qui d'ailleurs n'avaient ni ciseaux, ni aiguilles, ni alènes, ni fil, ni ligneul, pour en faire des habits, des souliers ou des bottes? C'était là encore un problème fort difficile.

Ils commencèrent par songer aux moyens de tanner leurs peaux. Dans cette vue, ils en mirent quelques-unes pendant plusieurs jours dans l'eau, pour les y laisser amollir et commencer à entrer en putréfaction. Ensuite ils essayèrent d'en arracher et d'en gratter les poils; ce qui leur réussit.

Après cela, ils frottèrent ces peaux rases entre leurs mains, jusqu'à ce qu'elles se séchassent par cette manipulation réitérée. Enfin ils les oignirent de graisse de renne et les frottèrent de nouveau. Par là elles devinrent assez douces et assez souples pour pouvoir être travaillées fort commodément. Cela devait leur procurer des bottes et des souliers.

Mais ils avaient aussi besoin de fourrures pour s'en vêtir et se garantir contre le froid terrible qu'il allait faire. Ils ne pouvaient pas non plus se servir pour cela des peaux crues. Il leur fallut donc inventer une autre espèce de tannerie pour rendre ces peaux souples, sans qu'elles perdissent leurs poils. Ils y réfléchirent, et firent un essai qui, à leur grande joie, eut un succès non moins complet. Ils mirent les peaux destinées à cet usage dans l'eau, en ne les y laissant qu'un jour pour les rendre seulement molles ; puis ils en usèrent à leur égard comme pour les autres, sans cependant en ôter le poil. De cette façon ils eurent en peu de jours de bons matériaux pour en faire des souliers, des bottes et des habits.

Mais ce fut précisément alors que se présenta la plus grande difficulté. D'où tirer des aiguilles et des alènes? Et quand on en aurait eu, où se procurer du fil? Cette dernière question était la plus facile à résoudre. Ils savaient déjà que les nerfs des ours et des rennes se laissaient partager en fils, fins ou gros à volonté. Mais les aiguilles, les aiguilles! C'était là la plus grande difficulté; et, en effet, elle paraissait insurmontable.

Elle n'en fut pourtant pas moins vaincue. Nos Russes, aussi ingénieux que diligents, commencèrent par forger un clou presque aussi mince que du fil d'archal; ensuite ils firent bien rougir ce fil d'archal, et firent entrer leur couteau, qu'ils avaient rendu bien pointu à cet effet, dans un des bouts, de façon que cela formât un trou d'aiguille oblong, semblable au chas des carrelets ; puis ils coupèrent ce fil d'archal, après l'avoir fait rougir derechef, de la longueur d'une de ces mêmes aiguilles ; et, en le frottant et l'aiguisant sur des pierres, ils rendirent peu à peu ce bout coupé aussi uni, aussi rond et aussi pointu que l'est chez nous celui d'une aiguille bien faite. Le seul défaut qu'eussent les aiguilles qu'ils faisaient ainsi, c'é-

tait que le trou en restait toujours un peu tranchant, de
sorte qu'il coupait aisément le fil; mais c'était un inconvénient auquel il n'y avait pas de remède.

Alors ils se mirent de si bonne grâce à faire les métiers
de tailleur et de cordonnier, que c'eût été un plaisir de
les voir. L'un faisait une paire de bottes, l'autre des
culottes, un troisième un habit d'une invention toute nouvelle. Celui-là prenait ses anciens habits pour modèle ;
celui-ci, s'abandonnant à son génie, inventait un habil-
lement qui ne pouvait convenir qu'au climat froid de leur
île. Il ne le fit pas ouvert par-devant comme nos habits ;
il le fit fermé, de façon qu'il fallait le passer par-dessus
la tête comme une chemise. Il y ajouta un capuchon
qu'on pouvait mettre sur la tête et attacher sous le men-
ton, de sorte qu'il n'y avait au visage justement que l'ouverture nécessaire pour voir. Leur couteau leur servait
de ciseaux dans cette besogne. Pour cette fois ils ne firent
que des habits de fourrures, parce que le temps le plus
rude de l'hiver approchait. Vers l'été, ils en firent d'autres de cuir tanné, pour pouvoir s'accommoder aux
vicissitudes des saisons dans leurs habillements.

C'est ainsi que ces hommes courageux, dépourvus de
tout secours et de tous les instruments nécessaires, su-
rent, par leurs réflexions, leur diligence et leur indus-
trie, satisfaire à tous leurs besoins les plus urgents. Leur
condition aurait pu paraître en quelque manière supportable, si la considération que l'un d'eux survivrait à ses
camarades et resterait alors seul et sans secours, pour
mourir enfin misérablement, n'était venue se présenter
à eux quelquefois dans toute son horreur, et ne les avait
rendus tristes. Le pauvre contre-maître avait encore un
autre sujet de tristesse de plus. A son départ de Russie,
il y avait laissé une femme et trois enfants. Toutes les fois
qu'il se reposait des travaux pénibles de la journée dans

la cabane, son âme était en Russie, au milieu de ce qu'il avait de plus cher au monde. Ses pensées, pleines d'amertume, erraient tantôt sur l'image de sa femme chérie, tantôt sur celle de quelqu'un de ses enfants bien-aimés. Oh! que ses yeux étaient souvent baignés de larmes, quand ceux de ses camarades étaient déjà fermés par le plus doux sommeil! Mais, dès qu'il s'agissait de travailler et d'être actif, il se trouvait à sa place aussi bien qu'aucun autre, il chassait toutes les pensées lugubres de son esprit, et travaillait de toutes ses forces avec autant de gaieté que s'il n'y avait pas eu de femme et d'enfants au monde pour lui.

C'est ainsi, mes enfants, que l'on peut s'abandonner aux sentiments les plus doux ou les plus pénibles de la nature, pourvu qu'on sache en réprimer l'excès, et qu'ils ne prennent rien sur nos devoirs et sur ce qu'exigent les circonstances où la divine providence a voulu nous placer. Dans ce cas, ils n'amollissent point l'âme, au contraire, ils l'élèvent, l'ennoblissent encore; et, bien loin que le sentiment du malheur soit alors blâmable ou honteux, il fait ressortir avec plus d'énergie cette fermeté inébranlable dont l'homme doit être animé, et qui devient en lui une vertu sublime quand elle est accompagnée d'une parfaite résignation aux volontés de la Providence, qui aime ses créatures avec plus de tendresse encore que le meilleur père ne peut chérir ses enfants. Jeune homme, enorgueillis-toi d'être son ouvrage et l'objet de sa tendresse, et rends-lui, par une conduite qui lui soit agréable, le tribut d'amour et de reconnaissance que tu lui dois à si juste titre! Dans le malheur ne perds pas courage, ne montre aucune faiblesse; mais que ta fermeté ne provienne pas non plus d'un cœur insensible, sans quoi aucune vertu n'y est attachée.

Mais revenons à nos insulaires. Leurs principaux besoins étant satisfaits, nous avons le temps d'apprendre quelques particularités concernant l'île qu'ils habitaient.

Tout ce que j'ai dit du Spitzberg en général, dans ma première relation, est également applicable à cette île qui en fait partie. Sa longueur et sa largeur sont à peu près de seize myriamètres ; mais elle est aussi peu habitée que le Spitzberg proprement dit. Les seuls êtres animés qui s'y trouvent sont des ours blancs, des rennes et des renards blancs et bleus. Toute l'île est hérissée de montagnes et de rochers pointus d'une hauteur extraordinaire, couverts de neige et de glace pendant toute l'année. A l'exception du salutaire cochléaria, qui y croît çà et là, et de la mousse, qu'on y trouve partout en abondance, ils ne virent pas un seul végétal dans l'île. Des crevasses des rochers il jaillit de toutes parts des sources d'eau, qui se réunissent en petits ruisseaux et vont se jeter dans la mer. La longue nuit d'hiver y dure près de quatre mois, et le plus long jour tout autant. Durant l'absence du soleil, c'est-à-dire pendant la longue nuit d'hiver, la lune se tient pendant près de deux mois sans interruption sur l'horizon et ne se couche point, non plus que le soleil pendant le long jour d'été. Les brillantes aurores boréales sont un grand bienfait de la nature pour ces régions septentrionales pendant le temps où elles sont privées de la lumière du soleil.

Le froid y est terrible, comme nous le savons déjà. Cependant nos matelots ont observé qu'il est interrompu à la mi-novembre par une pluie continuelle qui dure jusqu'au mois de janvier, c'est-à-dire à peu près sept semaines. Pendant tout ce temps-là il tombe de fortes averses, et alors le temps est assez doux, à peu près comme chez nous lorsqu'il fait de la pluie en hiver. Les orages sont fort rares dans ces contrées. Dans le cours de six années, nos matelots n'entendirent qu'une fois le bruit sourd et éloigné du tonnerre. La neige s'y accumule en hiver à une hauteur prodigieuse. On peut s'en faire une idée en apprenant que la hutte, qui avait six mètres de hauteur, se trouvait ordinairement dans cette saison tout à fait enterrée dans la neige, de façon qu'ils ne pouvaient en sortir qu'au moyen d'une ouverture pratiquée au sommet du toit.

Mes jeunes lecteurs n'exigeront pas de moi que je leur fasse un journal de la vie misérable et absolument uniforme que ces pauvres gens y menèrent : ce serait en demander réellement plus que je ne saurais faire, parce qu'il ne pouvait venir dans l'idée à ces pauvres gens, privés de tous matériaux pour écrire, et assez occupés de la conservation pénible de leur vie, de vouloir écrire l'histoire de chaque jour. Il faut donc que nous nous contentions de savoir qu'ils menèrent cette triste vie durant plus de six années, parce que pendant ce temps il ne parut pas un seul vaisseau dans ces parages. *Plus de six années !* songez un peu à l'horreur d'une semblable position.

Le malheureux Woriguin avait été puni, et même très douloureusement, pendant tout ce temps-là, de la paresse à laquelle il s'était abandonné dans les commencements. Sans pouvoir se remuer, se lever ou faire la moindre chose, il avait dû rester couché, souffrant de très vives douleurs, et se laissant nourrir et servir par ses fidèles camarades. Enfin la mort bienfaisante, et longtemps désirée, vint lui fermer doucement les yeux et le délivra de ses peines. Ses camarades enterrèrent son cadavre dans la neige. Jusqu'alors ils l'avaient soigné avec une attention qui leur fait honneur aussi bien qu'à l'humanité tout entière. Être soi-même misérable, souffrir des besoins, des peines, des incommodités de tout genre, et s'en donner bien d'autres encore pour soigner un frère malade, et pour le soigner pendant six années; mes enfants, ce n'est pas là une bagatelle : cela demande un degré de vertu dont peu de gens riches et vivant dans l'abondance seraient capables. Mais voici ce qui arrive. Les rigueurs de l'adversité excitent et fortifient tous les genres de vertu, et nos propres souffrances nous rendent compatissants et serviables envers les autres. Oh! rendons grâces à Dieu! lors même qu'il nous envoie des revers : c'est un baume salutaire pour nos âmes malades; il les guérit de leurs faiblesses.

On croirait que les trois Russes bien portants durent être bien aises de se voir enfin délivrés de ce malade qui leur était à charge. Non! ils auraient volontiers prolongé sa triste carrière et supporté ce surcroît d'embarras pendant six autres années; car, quoiqu'il fût incapable de rien faire pour eux, c'était pourtant toujours une compagnie humaine de plus; et lorsqu'on vit comme eux dans une île déserte, et qu'on se voit séparé par l'Océan de tout le monde habité, ah! qu'on est avare du plaisir de la société! la seule présence d'un être humain est alors pour nous d'un prix inestimable. C'est ainsi que notre Père commun a su réunir tous ses enfants par l'instinct de la sociabilité. A ce sentiment se joignait pour nos insulaires la triste considération, qui leur revenait toujours à l'esprit, qu'ils mourraient tous ainsi l'un après l'autre, et que le sort terrible de rester seul ne pouvait manquer de tomber sur l'un d'eux. Qu'on se mette à la place de ces pauvre gens, et l'on sentira toute la force de cette idée.

Mais il est temps de conduire cette histoire mémorable à sa fin.

Un jour qu'ils étaient allés au rivage pour chercher du bois flotté, et qu'ils jetaient des regards languissants sur la mer, vers le point du globe où se trouvait leur chère patrie, ils découvrirent inopinément (et qui pourrait décrire l'excès de leur joie à cet aspect!) un vaisseau flottant sur les vagues, assez loin de l'île. Ils furent pendant un moment hors d'eux-mêmes; mais ils tâchèrent promptement de rassembler leurs idées, parce que leurs âmes furent subitement frappées de la pensée que, s'ils restaient là sans rien faire et s'abandonnant à une joie immodérée, le vaisseau s'éloignerait et disparaîtrait peut-être pour jamais de leurs yeux. Ils coururent vite à leur cabane, en apportèrent du feu et du bois, allumèrent un feu bien éclatant sur deux collines d'où la fumée et la flamme montèrent vers le ciel. L'un d'eux courut chercher une peau de renne, la lia comme un drapeau à une longue perche, et courut au rivage pour montrer, par l'agitation de ce pavillon de cuir, aux gens du vaisseau qu'il y avait là des hommes qui demandaient à être délivrés. Par bonheur on aperçut du vaisseau les feux et le drapeau, et le capitaine, n'oubliant pas les devoirs sacrés de l'humanité, cingla vers la côte. Le vaisseau jeta l'ancre à peu de distance du rivage, et un canot vint à terre pour voir quels hommes pouvaient se trouver dans l'île.

Rien ne saurait égaler le ravissement de nos insulaires, si ce n'est l'étonnement qu'éprouvèrent les gens du vaisseau de voir devant eux trois figures humaines toutes vêtues de cuir et de fourrures. Quelle fut leur surprise de les entendre parler russe, étant Russes eux-mêmes, surtout lorsqu'ils apprirent que ces pauvres créatures avaient passé plus de six années dans cet affreux pays de glace et de neige, et avaient su y prolonger leur vie!

Ce vaisseau, qui était d'Archangel, avait sa destination à la côte occidentale du Spitzberg pour la pêche de la baleine. Au grand déplaisir du capitaine, mais par bonheur pour nos matelots, il avait été jeté par les vents contraires sur cette côte orientale. Ainsi tel petit malheur qui arrive à l'un fait souvent le bonheur d'un ou de plusieurs autres.

On consentit aisément à prendre à bord nos trois *Robinsons,* avec tout ce qu'ils possédaient, et à les conduire en Russie. Le capitaine demanda pour cela quatre-vingts roubles, qu'on lui promit de grand cœur... Jeune lecteur, ne précipite pas ton jugement. Je vois que tu es irrité contre le capitaine, et que tu vas le traiter de monstre et de barbare, parce qu'il se fait payer si chèrement un tel acte d'humanité ; mais écoute auparavant ce qu'on permit à nos heureux matelots d'apporter à bord pour cet argent.

Ces gens étaient devenus riches pendant leur séjour dans l'île. Les trésors qu'ils avaient amassés consistaient en deux mille livres de graisse de renne, plus de deux cents peaux de cet animal, dix peaux d'ours, et une grande quantité de peaux de renards blancs et bleus. Ajoutez à cela toute leur garde-robe d'hiver et d'été : leurs lances, leurs arcs et leurs flèches ; leurs lampes, leur hache, qui était usée presque jusqu'au manche ; leur couteau, qui n'était guère dans un meilleur état ; leur fil de nerfs, leurs alènes et leurs aiguilles, qu'ils gardaient dans des étuis d'os très artistement faits par eux ; et on ne trouvera plus que le capitaine ait agi si injustement en prenant quatre-vingts roubles pour le transport de tous ces objets, qui en valaient deux mille en Russie, surtout en se chargeant de défrayer entièrement des gens aussi riches jusqu'à leur arrivée : il ne mérite donc pas autant de reproches qu'on pouvait le supposer. Et ce petit exemple vous prouvera combien il est aisé de se tromper dans ses jugements sur le compte d'autrui, surtout quand on y apporte cette promptitude habituelle chez les jeunes gens.

Tous les effets dont je viens de parler furent portés à

bord ; le capitaine leva l'ancre, et nos matelots prirent avec joie congé d'un pays où ils avaient mené une vie si misérable et si désespérée pendant six ans et trois mois.

Après un trajet de cinq semaines, ils arrivèrent enfin heureusement à Archangel.

Leur débarquement fut remarquable par un événement qui pensa voir une fin tragique. La femme du contre-maître Alexis Himkof, qui avait pleuré depuis longtemps son mari tendrement aimé qu'elle croyait mort, se trouva par hasard sur le pont d'Archangel lorsque le vaisseau jeta l'ancre tout auprès. Elle aperçut son mari sur le tillac ; et, le reconnaissant, elle jeta un cri et sauta du pont en bas pour voler aussitôt dans ses bras ; mais le saut fut trop court, elle tomba dans l'eau ; de sorte que les matelots eurent beaucoup de peine à la retirer vivante.

Nos héros descendirent à terre dans leur uniforme du Spitzberg. Le peuple rassemblé les reçut avec des cris de joie et de surprise ; les hommes éclairés, les ayant fait venir chez eux, leur demandèrent toutes les circonstances de leur histoire, se firent montrer les effets qu'ils avaient apportés, et se convainquirent par là de la véracité de leur récit.

VIII

AVENTURES DE MADAME GODIN

En 1733, le roi de France envoya trois savants, MM. de la Condamine, Godin et Bouguer, à Quito, dans la province du Pérou, pour exécuter dans cette région du globe certaines opérations géométriques propres à déterminer avec quelque certitude la figure de la terre, sur laquelle on avait jusqu'alors conservé beaucoup de doutes. Je n'expliquerai point ici les procédés que ces savants devaient employer, parce que cela n'a rien de commun avec le but que je me propose.

M. de la Condamine et ses collaborateurs exécutèrent leurs opérations géométriques sur la haute chaîne des montagnes du Pérou nommées les Cordilières, couvertes de neiges et de glaces éternelles. Ils étaient exposés au froid le plus piquant et aux vents les plus furieux, qui arrachaient souvent les tentes où l'on devait passer la nuit et les emportaient, avec tous les instruments de mathématiques, au fond des abîmes.

Les géomètres s'avancèrent au milieu des neiges et des glaces, et souvent à travers des eaux et des marais, jusqu'à des hauteurs où le froid était si terrible, qu'il arrivait souvent que, tandis qu'ils voulaient boire, la liqueur se gelait dans le verre. Leurs mains engourdies laissaient échapper les mesures dont ils devaient faire usage. Souvent aussi leur salive se trouvait changée en glaçons avant de toucher la terre. Voilà quelles fatigues ces hommes illustres bravèrent pour satisfaire leur ar-

deur pour les sciences, et pour enrichir la masse des
connaissances humaines de ces découvertes qu'on ne
pouvait obtenir qu'à ce prix.

M. Godin, l'un de ceux qu'on avait envoyés au Pérou,
y avait emmené sa femme. Il fallut plusieurs années pour
exécuter les opérations mathématiques ; et lorsque enfin,
dans le courant de l'année 1742, l'entreprise se trouva
heureusement terminée, des affaires de famille empê-
chèrent M. Godin de reprendre la route de France avec
ses compagnons de voyage. Il fut ensuite obligé de différer son départ d'une année à l'autre, et partit enfin, en
1749, pour se rendre à Cayenne.

De Cayenne, il écrivit au ministre de la marine, et lui
demanda des lettres de recommandation pour la cour de
Portugal, afin d'en obtenir des passe-ports et un bâtiment
propre à remonter le fleuves des Amazones, pour aller
chercher sa femme au Pérou, et la ramener par la même
route à Cayenne.

Mais, avant de continuer ma narration, il faut que je
prie instamment mes jeunes lecteurs de prendre une carte
de l'Amérique méridionale, ou bien une mappemonde,
pour y voir comment le fleuve des Amazones, l'un des
plus grands du monde, traverse ce qu'on nomme le pays
des Amazones, et se jette enfin dans l'océan Atlantique.
Alors ils pourront se faire une idée de ce que c'est qu'un
voyage pareil, s'ils songent bien que le cours de ce fleuve
forme une étendue d'environ quatre cent quarante myriamètres de France, que le pays qu'il parcourt est presque entièrement inculte et sauvage, habité seulement par
des peuplades d'Indiens dans le dernier état de barbarie.

Des hasards dont le récit n'aurait rien d'intéressant
firent qu'il se passa quinze ans entiers avant que le
pauvre M. Godin vît ses souhaits remplis. Il vécut tout ce
temps-là loin de sa femme, elle au Pérou, lui à Cayenne.

Enfin il eut la joie de voir arriver une galiote, équipée par ordre du roi de Portugal, et envoyée à Cayenne pour servir à faire le voyage qu'il désirait avec tant d'impatience. Il s'embarqua tout de suite; mais, avant d'arriver à l'embouchure du fleuve des Amazones, il fut attaqué d'une maladie si violente et si longue, qu'il se vit obligé de rester à Oyapoc (c'est un fort situé entre Cayenne et l'embouchure du fleuve des Amazones), et de charger un certain Tristan, qu'il croyait son ami, d'aller, à sa place, chercher Mme Godin. Il donna à cet homme, outre l'argent nécessaire, une pacotille de marchandises qu'il devait vendre en route. Voici les arrangements qu'il prit avec ce Tristan.

La galiote avait ordre de le conduire jusqu'à Loreto, premier établissement des Espagnols, situé environ à la moitié du cours de ce fleuve. De là Tristan devait se rendre à Laguna, autre établissement des Espagnols à quelques lieues de Loreto, pour y remettre des lettres de M. Godin à sa femme entre les mains d'un ecclésiastique qui y demeurait, et qui se chargeait de les faire parvenir à leur adresse. Ensuite Tristan devait attendre l'arrivée de Mme Godin à Laguna.

La galiote partit et arriva heureusement à Loreto; mais Tristan, au lieu d'aller lui-même à Laguna, se contenta de confier son paquet à un jésuite espagnol, qui allait dans une tout autre contrée, pour le remettre lorsqu'il en trouverait l'occasion. Quant à lui, il parcourut, en attendant, les établissements portugais de ces contrées pour y commercer.

De cette manière, les lettres de M. Godin passèrent de main en main, sans arriver jamais à leur destination. Cependant un bruit sourd se répandit, je ne sais comment, jusqu'au Pérou, qu'il y avait à Loreto un vaisseau portugais qui y attendait Mme Godin, et ce bruit parvint enfin jusqu'à elle, mais il ne paraissait pas avoir beaucoup de certitude. Elle apprit d'une manière aussi vague qu'il y avait en chemin des lettres de son mari pour elle; mais tous les soins qu'elle se donna pour se les procurer furent inutiles.

Enfin elle prit la résolution d'envoyer un nègre affidé, avec quelques Indiens, sur la côte du fleuve des Amazones, afin d'obtenir, s'il était possible, des renseignements certains. Cet honnête garçon surmonta courageusement toutes les difficultés qui s'opposaient à ce voyage. Il arriva à Loreto, y vit Tristan, et revint avec la nouvelle qu'un navire portugais attendait, en effet, Mme Godin, pour la conduire Cayenne.

Alors cette femme courageuse résolut d'entreprendre de son chef ce voyage si pénible et si dangereux. Elle demeurait à Riobamba, endroit situé à environ vingt milles au sud de Quito, où elle avait des jardins et des champs. Elle vendit ses immeubles, et les effets qui n'étaient pas susceptibles de transport, au meilleur prix qu'elle put en tirer. M. de Grandmaison, son père et deux de ses frères, qui avaient demeuré jusque-là avec elle au Pérou, étaient prêts à l'accompagner. Le père prit les devants, pour faire tout disposer sur le chemin de sa fille, jusqu'à un endroit au delà des hautes montagnes des Cordilières, où elle devait s'embarquer.

Mme Godin reçut, à peu près dans le même temps, une visite d'un certain M. R***, qui se faisait passer pour médecin français, et qui vint la prier de lui permettre de l'accompagner dans son voyage. Elle lui répliqua qu'elle n'était pas la maîtresse du bâtiment qui devait l'emmener, et que par conséquent elle ne pouvait lui garantir qu'il y eût une place pour lui. M. R*** s'adressa donc aux frères de Mme Godin; et ceux-ci, qui regardèrent comme chose fort importante d'avoir un médecin avec eux, engagèrent leur sœur à permettre qu'il fît le voyage avec elle.

C'est ainsi qu'elle partit de Riobamba, où elle avait résidé jusqu'alors, le 1er octobre 1769, avec les personnes dont je viens de parler, son nègre et trois servantes indiennes. Il y avait déjà cinq années que la galiote était entrée dans le fleuve des Amazones. Trente Indiens portant le bagage de Mme Godin augmentaient son cortège.

Cette espèce de caravane dirigea d'abord sa marche sur Canelos, village indien au delà des montagnes, où l'on se proposait de s'embarquer sur une petite rivière qui se jette dans le fleuve des Amazones. Le chemin qui y conduisait était rude et difficile, au point d'être impraticable même pour les mulets : il fallut donc le faire à pied.

M. de Grandmaison, étant parti un mois auparavant, ne s'était arrêté à Ganelos qu'autant qu'il fallait pour faire les préparatifs nécessaires au voyage de sa fille et de son cortège, après quoi il s'était embarqué pour continuer à prendre les devants, et faire tous les arrangements nécessaires dans les endroits où il devait passer.

Mais à peine eut-il quitté Canelos, que la petite vérole (maladie plus formidable pour les Américains que ne l'est la peste en Europe) s'y déclara, et moissonna en peu de semaines une partie des habitants; ce qui effraya tellement les autres, qu'ils abandonnèrent cet endroit et se dispersèrent au loin dans les bois. Aussi Mme Godin, en y arrivant avec sa suite, fut très effrayée de n'y trouver que deux Indiens que cette cruelle épidémie avait épargnés, sans les moindres préparatifs ni pour sa réception ni pour la continuation de son voyage. Ce fut là le premier malheur considérable qu'elle essuya, et qui n'était qu'un avant-coureur des souffrances plus considérables qui l'attendaient.

Un second désastre suivit immédiatement celui-ci. Les

trente Indiens qui avaient porté jusqu'ici le bagage, et qui avaient reçu leur payement avant le départ, prirent tout à coup la fuite, soit d'effroi de la petite vérole, soit de crainte qu'on ne les obligeât de s'embarquer. Toute la caravane, accablée par ce coup funeste, ne voyant aucune ressource et n'ayant aucun espoir, ne savait que faire ni que résoudre. Le parti le plus sûr aurait été de laisser là tout le bagage et de s'en retourner au lieu d'où l'on était parti; mais le désir qu'avait Mme Godin de revoir son époux, dont elle était séparée depuis vingt ans, lui inspira le courage de braver tous les obstacles qui s'opposaient à son chemin, quoiqu'ils fussent presque insurmontables.

Elle tâcha donc d'engager les deux Indiens dont nous avons parlé à lui construire un canot, et à la transporter par ce moyen, elle et toute sa compagnie, jusqu'à Andoas, endroit situé à douze journées du lieu où ils étaient. Ces Indiens y consentirent; ils reçurent leur salaire d'avance : le canot fut construit, et, après s'y être embarqué, on partit sous la conduite de ces deux Américains.

Les deux premiers jours furent heureux ; le troisième on atterrit au rivage pour y passer la nuit. Là ces perfides Indiens profitèrent du sommeil de toute cette compagnie fatiguée pour l'abandonner. A leur réveil, Mme Godin et ceux qui l'accompagnaient ne trouvèrent plus leurs guides. Nouveau malheur qui rendait leur situation beaucoup plus périlleuse !

Sans connaissance de la rivière et du pays, et dépourvus de guides, ils se mirent sur le bâtiment et continuèrent leur route. Le premier jour se passa sans accident fâcheux ; le second, ils rencontrèrent un canot amarré auprès d'un carbet (1). Ils trouvèrent aussi un Indien

(1) C'est le nom qu'on donne, dans les colonies françaises, à une cabane de feuillage, qui sert de demeure aux Indiens et d'abri aux voyageurs.

échappé à la petite vérole, et l'engagèrent par des présents à s'enfuir avec eux et à conduire leur canot; mais la fortune les empêcha de profiter de cette rencontre : le jour suivant, le chapeau de M. R*** étant tombé dans l'eau, l'Indien voulut le rattraper, y tomba lui-même et s'y noya, parce qu'il n'avait pas assez de force pour regagner à la nage la rive de cet immense fleuve.

Voilà donc le bâtiment encore une fois sans pilote, et conduit par des gens dont pas un seul n'avait les moindres principes de navigation! Aussi leur chaloupe ne tarda-t-elle pas à faire eau de tous côtés; et la malheureuse compagnie se vit obligée d'aller à terre et de s'y bâtir une cabane.

Ils étaient encore à cinq ou six journées d'Andoas, le lieu le plus proche de leur destination. M. R*** s'offrit d'y aller avec un autre Français qu'il avait avec lui, et se chargea d'envoyer à Mme Godin un canot, qui viendrait la prendre au bout de quinze jours pour l'y conduire. Sa propositon fut acceptée. Mme Godin lui donna son fidèle nègre pour l'accompagner; quant à lui, il eut bien soin de ne laisser aucun de ses effets.

Les quinze jours s'écoulèrent; mais en vain cherchait-on continuellement, avec des yeux avides, le bâtiment que M. R*** avait promis d'envoyer. Nos voyageurs passèrent encore douze autres jours dans l'attente, et tout aussi inutilement. La situation devenait de jour en jour plus funeste.

Enfin, après avoir perdu toute espérance de ce côté-là, ils se mirent à couper des arbres, à les attacher aussi bien qu'ils le pouvaient les uns aux autres, et ils firent de cette façon un radeau. Cet ouvrage étant achevé, ils y chargèrent leur bagage, s'y placèrent ensuite eux-mêmes, et s'abandonnèrent ainsi au courant; mais ce frêle bâtiment demandait également un conducteur un peu expérimenté, et ils n'en avaient point. Aussi à peine eurent-ils fait quelque chemin, que le radeau donna contre une branche cachée sous l'eau, ce qui le fit chavirer. De sorte que tout ce qu'il y avait dessus, hommes, et bagages, alla s'abîmer dans les eaux. Cependant, tout grand qu'était le péril, personne n'y perdit la vie. Mme Godin alla à fond deux fois, mais deux fois aussi ses frères sauvèrent ses jours.

Mouillés jusqu'aux os, harassés et à demi morts de frayeur, voilà l'état dans lequel ils se trouvèrent sur le rivage. Tâchez, mes chers lecteurs, de vous faire une idée de leur situation douloureuse et désespérée! Tout était perdu, il n'y avait plus moyen de faire un autre radeau, et il ne leur restait plus les moindres vivres. Ajoutez à cela le tableau du lieu où ils se trouvaient dans des conjonctures aussi critiques. C'était une solitude affreuse, tellement couverte de bois et de broussailles, qu'on ne pouvait s'y frayer une route que la hache et la serpe à la main. Ses seuls habitants étaient la plus cruelle race de tigres, et l'espèce de serpents la plus dangereuse, celle qu'on nomme serpents à sonnettes. Pas d'instruments pour se construire un abri, point d'armes pour se défendre! Qui ne frémirrait à cette idée?

Il n'y avait dans ce moment, pour ces malheureux, que le choix entre deux résolutions également désespérées : Il fallait ou attendre le terme de leur triste existence dans le lieu où ils se trouvaient, ou bien tenter l'entreprise presque impossible de suivre le cours de la rivière en se faisant jour à travers ces broussailles impénétrables, et tâcher ansi de gagner Andoas. Ce second parti fut préféré; mais auparavant ils retournèrent à leur dernière cabane pour prendre quelques vivres qu'il y avaient laissés; après quoi ils commencèrent leur marche non moins pénible que dangereuse.

En suivant le cours du fleuve, ils aperçurent que ses détours allongeraient trop leur route. Pour éviter cet inconvénient, ils tâchèrent de percer tout droit , sans s'embarrasser du cours de l'eau. Cela fut cause qu'ils s'égarèrent dans ces bois épais; et toute tentative pour retrouver le chemin qu'ils avaient perdu fut infructueuse. Leurs habits furent bientôt en lambeaux , leurs corps déchirés par les ronces et les épines; et, leur petite provision de vivres ayant été promptement consommée, il ne leur restait plus d'autre moyen pour soutenir leur douloureuse existence que de chercher dans les fruits sauvages des graines de différentes sortes, et dans les choux-palmistes qu'ils pouvaient rencontrer une nourriture précaire et insuffisante.

Enfin ils succombèrent sous le poids de leurs maux continuels. Fatigués par les efforts d'une telle marche , déchirés et ensanglantés dans toutes les parties de leur corps, épuisés de faim, de frayeur et d'angoisses, ils perdirent tout ce qui leur restait de force , et ne purent se traîner plus loin. Ils s'assirent, et se trouvèrent hors d'état de se relever. Au bout de trois à quatre jours, ils moururent l'un après l'autre à la place où ils se trouvaient. Mᵐᵉ Godin demeura presque inanimée pendant quarante-huit heures auprès des cadavres de ses frères et de ceux de ses autres compagnons. Elle se sentait étourdie, défaillante et sans vigueur, mais en même temps tourmentée d'une soif insupportable. Enfin la Providence, qui voulait la conserver, lui donna le courage et la force de se relever et de chercher le salut qui l'attendait.

Elle s'empara des souliers de ses malheureux frères, en coupa les semelles, les attacha à ses pieds, et s'enfonça, dans l'épaisseur du bois pour chercher de l'eau et des vivres , afin de satisfaire la soif ardente et la faim qui la tourmentaient. La frayeur de se voir ainsi seule et abandonnée de tout le monde dans un désert si horrible, la crainte d'une mort effroyable toujours présente à ses yeux, firent sur elle une impression si forte, que ses cheveux en devinrent tout blancs.

Ce ne fut que le second jour de cette course errante et incertaine qu'elle trouva de l'eau, quelques fruits sauvages, et des œufs d'oiseaux; mais son gosier s'était tellement resserré par le long jeûne qu'elle avait supporté, qu'à peine put-elle avaler les œufs. Cependant ces aliments suffirent pour soutenir son existence.

Telle fut la manière dont elle erra pendant huit jours, et dont elle tâcha de prolonger sa triste existence. Si on lisait des aventures pareilles dans un roman, on ne manquerait pas de taxer l'auteur d'exagération, et de l'accuser de récits hors de toute vraisemblance. Ici c'est l'histoire qui parle; et, quelque incroyable que paraisse son rapport, il est parfaitement conforme à la plus exacte vérité, et aux détails que l'on a appris dans la suite de la bouche même de Mme Godin.

Le huitième jour de cette course désespérée, cette femme infortunée parvint sur les bords de la Bohonose, rivière qui se jette dans le fleuve des Amazones. Au point du jour, à une distance peu éloignée, elle entendit quelque bruit dont elle fut effrayée. Elle allait fuir; mais un moment après elle songea qu'il ne pouvait lui arriver rien de pire que l'état où elle se trouvait; elle prit donc courage, et se dirigea vers l'endroit d'où partait ce bruit. Ce fut là qu'elle trouva deux Indiens qui s'occupaient précisément de mettre leur canot à flot.

Mme Godin s'approcha d'eux, et en fut amicalement reçue. Elle leur témoigna le désir d'être conduite à Andoas, et ces honnêtes sauvages consentirent à l'y transporter dans leur canot. Elle y arriva en effet; et, dans cet endroit, elle apprit que la plus vile et la plus infâme perfidie de

M. R*** était l'unique cause de tous les tourments qu'elle avait soufferts. Ce misérable, plus dépourvu d'humanité qu'une bête féroce, n'avait pas songé à accomplir la promesse de lui envoyer un canot, et il était allé tout de suite avec l'autre Français, son compagnon de voyage, à Omaguas, mission espagnole (1), sans se soucier des engagements qu'il avait pris, ni du salut de ces infortunés qu'il abandonnait si lâchement. Le fidèle nègre avait eu plus de conscience que lui, et n'avait cessé de se donner toutes les peines possibles jusqu'à ce qu'il eût engagé ce couple d'Indiens à remonter le fleuve avec lui, pour aller prendre sa maîtresse avec toute sa compagnie; mais malheureusement il ne put parvenir à la cabane où il les avait laissés, qu'après que ceux-ci eurent exécuté la triste résolution d'abandonner cette même cabane, et de se frayer un chemin à travers ce pays sauvage. Il eut la douleur, à son arrivée, de ne pas les y trouver.

Cependant cet honnête garçon ne crut pas encore avoir satisfait par là à son devoir. En conséquence, lui et ses compagnons indiens suivirent les traces de la caravane jusqu'à ce qu'ils arrivèrent à l'endroit où les cadavres de ceux qui avaient péri se trouvaient dans un tel état de putréfaction, qu'il fut impossible de les distinguer. Ce triste spectacle le convainquit que toute la compagnie était morte. Il retourna donc à la cabane pour prendre quelques-uns des effets de Mme Godin qu'on y avait laissés, et il ne se contenta pas de se rendre avec ces choses à Andoas, mais il donna encore une preuve nouvelle de son honnêteté en se rendant de là jusqu'à Omaguas pour remettre ces effets, qui consistaient en quelques bijoux de prix, entre les mains de M. R***, afin qu'il les remît au père de sa maîtresse.

(1) On nomme mission une étendue de pays choisie par un ou plusieurs ecclésiastiques pour y prêcher l'Évangile.

Arrivée à Andoas, Mme Godin, ne sachant comment récompenser ces bons Indiens, qui lui avaient sauvé la vie, se souvint quelle portait, selon la mode du pays, une double chaîne d'or au cou, du poids d'environ cent vingt-cinq grammes : c'était tout ce qu'elle possédait; elle ne balança pas un instant à s'en dépouiller et à la partager entre ses bienfaiteurs. Ce présent leur causa une joie inexprimable.

Mme Godin, malgré sa santé délabrée par tant de privations et de fatigues, ne resta que quelques jours à Andoas, et partit pour Laguna, où, grâce à l'obligeance d'un missionnaire, elle loua un petit bâtiment qui la conduisit à bord d'une galiote portugaise en partance pour Oyapoc, où M. Godin se trouvait retenu par une cruelle maladie..

Le voyage fut court et heureux. Mme Godin trouva son mari convalescent. Je n'essayerai pas de vous décrire les transports de joie de ces deux époux, qui de part et d'autre avaient plus d'une fois renoncé à l'espoir de se retrouver jamais en cette vie.

Un trait bien honorable qui donnera une haute idée du caractère de Mme Godin, c'est qu'elle ne voulut jamais permettre à son mari de poursuivre en justice le premier auteur de ses souffrances, l'infâme Tristan, qui lui avait volé des effets pour la valeur de plusieurs milliers d'écus. Elle avait usé de la même clémence à l'égard de M. R***, dont la conduite était aussi odieuse que celle de Tristan. Elle avait même cédé à ses instances, et lui avait permis de l'accompagner dans son retour d'Omaguas en France. Tant il est vrai que les adversités et les souffrances rendent doux, tendre et compatissant !

IX

AVENTURES

DU CAPITAINE HOLLANDAIS HEEMSKERK

DANS LES RÉGIONS POLAIRES

Tandis que les Anglais s'efforçaient de trouver un passage aux Indes orientales en doublant l'Amérique septentrionale, les Hollandais, aussi entreprenants, essayèrent de leur côté d'arriver encore plus vite dans les mers
de Chine en doublant l'Europe et l'Asie. Déjà ces derniers
avaient tenté deux fois d'effectuer le passage du nord-
est, mais chaque fois sans succès. En gens de cœur qu'aucune difficulté ne rebute, ils résolurent de hasarder une
troisième tentative.

Deux bâtiments furent donc équipés pour entreprendre
ce nouveau voyage, et leur commandement fut confié à
Jacques Heemskerk.

Parti d'Amsterdam en mai 1596, ce navigateur se trouvait au mois de juillet suivant sur la côte de la Nouvelle-
Zemble. Son dessein était de doubler la pointe septentrionale de ce pays, et de cingler ensuite vers l'est, s'il
était possible. Dans cette vue, il longea la côte; mais,
quoiqu'on fût au milieu de l'été, à peine pouvait-on
sortir de la place où l'on était, à cause du grand nombre
de glaçons : il fallait donc s'arrêter souvent. Ils se trouvèrent dans cette situation fâcheuse, notamment auprès
d'une petite île située à la côte occidentale de cette terre,
et que l'on nomme l'Ile-aux-Croix. Deux croix placées sur
cette île, et que des pêcheurs de baleine, qui viennent

souvent dans ces contrées, y avaient apparemment posées, lui ont fait donner ce nom.

Heemskerk, après avoir cherché un bon mouillage, monta dans une chaloupe avec quelques matelots, et alla débarquer vers l'endroit où se trouvaient les croix. Ils s'assirent un instant pour se reposer; mais pendant qu'ils examinaient si ces mouvements de la piété d'un équipage inconnu n'étaient pas accompagnés d'une inscription indiquant l'époque et le motif de leur érection, l'un des matelots aperçut deux ours blancs, couchés à l'abri d'un énorme glaçon. Ce matelot jette un cri d'effroi, et, la peur gagnant ses camarades, ils se mirent à courir confusément vers la chaloupe. Heemskerk, dont la présence d'esprit égalait le courage, les arrêta, jurant qu'il enfoncerait son harpon dans le corps du premier qui se mettrait à courir. « Si nous nous dispersons en courant, dit-il, quelqu'un de nous sera saisi; mais si nous nous tenons ensemble, et que nous nous mettions à jeter de grands cris, ces bêtes n'auront pas le courage de nous attaquer. » On lui obéit, et tout ce qu'il avait prédit arriva. Le détachement regagna heureusement la chaloupe. Voyez, mes jeunes amis, de quel avantage est l'intrépidité; c'est bien souvent la crainte, et non le courage, qui nous précipite dans le danger.

On continua à longer la côte, mais toujours avec la nécessité de s'ouvrir des routes à travers de vastes champs de glace. Toutes les fois qu'il leur arrivait de ne pouvoir plus avancer, ils attachaient le vaisseau à un banc de glace, et y restaient jusqu'à ce que le vent leur eût frayé un nouveau passage. Ensuite ils continuaient leur route jusqu'à ce qu'ils se vissent arrêtés de nouveau. Mais, pour que vous puissiez vous faire une idée d'un pareil banc de glace, sachez qu'on en mesura un, et qu'on lui trouva cent quatre mètres d'épaisseur; car il était en-

foncé dans l'eau à soixante-douze mètres de profondeur,
et il s'élevait à trente-deux mètres au-dessus de sa surface; et cependant il s'en fallait de beaucoup que ce fût
un des plus grands. On assure qu'il y a de ces montagnes
de glace qui s'élèvent à deux cents mètres au-dessus de
la surface de la mer. Figurez-vous deux cents mètres;
c'est une hauteur infiniment plus considérable que celle
de la tour la plus élevée que vous ayez jamais vue.

Le vaisseau étant amarré à un banc de glace, le maître,
en se promenant le soir, par un brouillard épais, sur le
tillac, entendit tout à coup à ses côtés un hurlement violent, et, en regardant autour de lui, il aperçut un ours qui
tâchait de venir à bord du vaisseau. « A moi, camarades! »
cria-t-il; et aussitôt tout l'équipage courut sur le tillac.
Le cri général qui s'éleva à l'aspect de l'ours remplit le
monstre d'un tel effroi, qu'il abandonna son entreprise
et se glissa derrière le bloc de glace. Mais il ne tarda pas
à revenir; et comme on était alors sur ses gardes, et que
quatre hommes se tenaient prêts avec des armes à feu,
on lui tira quelques coups qui l'obligèrent à prendre la
fuite. Il se perdit dans le brouillard et dans les neiges,
et on ne le revit plus.

Le 10 août, la glace rompit, et les glaçons recommen-
cèrent à flotter. Celui qui retenait l'ancre du vaisseau resta
seul immobile, quoique d'autres glaçons considérables
vinssent s'y heurter en passant. Cela fit voir que ce bloc
reposait sur le fond de la mer. Je présume, mes chers
lecteurs, qu'à présent vous comprendrez bien comment
on put savoir que cette masse de glace s'étendait à
soixante-douze mètres sous l'eau. Dès qu'on sut qu'elle
touchait le fond, on n'eut qu'à jeter la sonde pour en
connaître l'épaisseur.

Depuis cette époque la glace se fixait et se brisait tour
à tour, et nos pauvres aventuriers, à demi gelés, étaient

obligés de travailler pour s'ouvrir un passage du mieux qu'ils le pouvaient, dès que la glace se mettait en mouvement. Pendant ce travail ils étaient continuellement en danger de voir leur navire brisé par les glaçons qui flottaient autour d'eux, et il fallait beaucoup de précaution et d'adresse dans la manœuvre, c'est-à-dire dans l'art de tourner et de diriger le vaisseau, pour éviter ce péril continuel. En outre, ils recevaient de temps en temps des visites de la part des ours, contre lesquels ils devaient sans cesse se tenir en garde aussi bien que contre les glaçons. On se vit obligé quelquefois de livrer de grands combats; mais les hommes furent toujours les vainqueurs.

Au moyen de travaux sans nombre, ils gagnèrent enfin la pointe septentrionale de cette terre et commencèrent à la doubler. Quelques gens de l'équipage, ayant été renvoyés à terre et ayant gravi une haute montagne, crurent remarquer qu'à l'est la mer n'était plus couverte de glaces. Ce fut une telle joie pour ces pauvres gens, qu'à peine purent-ils la supporter. Ils se hâtèrent, autant qu'il spurent, de porter cette bonne nouvelle au vaisseau, et tout y retentit des cris de joie causés par cette heureuse découverte. Modérez votre allégresse, mes amis! Les espérances des hommes sont souvent trompeuses; qui sait si la vôtre ne s'évanouira pas bientôt?

C'est ce qui arriva, en effet, hélas! dès le lendemain. A peine eurent-ils fait voile vers l'endroit où la mer avait paru libre la veille, qu'ils aperçurent autour d'eux une immense plaine de glace, et se virent obligés de travailler à regagner la côte de la Nouvelle-Zemble. Ils réitérèrent plusieurs fois la même tentative, mais toujours avec aussi peu de succès. Alors ils renoncèrent entièrement à l'objet de leur voyage, qui était de trouver un passage par le nord-est pour aller en Chine, et tout leur désir fut de

pouvoir descendre le long de la côte orientale de la Nouvelle-Zemble, et de gagner ainsi le continent de l'Asie.
Dans cette vue, ils commencèrent à faire route vers le
sud, toutes les fois que les glaçons se mettaient en mouvement; mais dès qu'ils eurent un peu avancé dans cette
route, les glaçons vinrent serrer de si près le vaisseau,
qu'ils s'attendaient à tous moments à le voir se briser. Les
glaçons en soulevaient tantôt la proue, tantôt la poupe;
puis il se trouvait en équilibre, mais immobile, comme
si on l'eût enfermé entre des murailles solides.

Le 29 août, le vaisseau se trouvant dans une situation
pareille, on tenta de séparer et de briser ces murs de glace
avec des fers et d'autres outils; mais leur épaisseur rendit
la chose impossible. Le 30, la glace recommença à flotter : un vent froid et piquant, mêlé d'une bruine de
neige, jeta les glaçons détachés contre le vaisseau : ils s'y
amoncelèrent d'une manière effrayante, et le firent cra-
quer au point qu'on s'attendait à tous moments qu'il
éclaterait en mille pièces. Comme les glaçons s'amas-
saient sous le vaisseau du côté d'où venait le courant plus
que du côté opposé, il commença fort à pencher, et l'on
craignit alors qu'il ne chavirât; mais enfin les glaçons
vinrent aussi se ranger de l'autre bord, et le vaisseau se releva, se trouvant perché sur les glaçons comme s'il y avait
été guindé par quelques puissantes machines. Ensuite d'autres glaçons vinrent se joindre à ceux qui se trouvaient à
la proue du vaisseau, et la levèrent de quatre à cinq pieds
plus haut que l'arrière; enfin d'autres vinrent s'attacher à
l'arrière, où se trouvait le gouvernail, et le brisèrent. Le
vent soufflait, on n'entendait que le cliquetis des cordages
couverts de glace, le fracas du vaisseau dans tous ses joints,
et les mugissements d'une mer en courroux, au milieu du
choc terrible de ces montagnes de glace qui se pressaient
entre elles et se soulevaient l'une contre l'autre.

Jeune lecteur, toi qui peut-être perds patience dans les plus légères difficultés de la vie, jette un regard sur cette scène ; représente-toi nos pauvres voyageurs, qui, transis de froid, et dans l'attente de ce qui pouvait leur arriver encore, n'en persistaient pas moins avec ardeur à tenter tous les moyens possibles pour la conservation du vaisseau et pour leur propre délivrance, sans tomber dans le découragement et dans l'inaction.

Que cette comparaison te fasse rougir de ta mollesse : deviens vigoureux et robuste en supportant patiemment de petites incommodités, afin que tu saches un jour opposer le courage et la constance aux périls et aux épreuves ordinaires de la vie humaine, dont tu ne peux espérer que la tienne soit exempte.

Nos navigateurs, qui devaient s'attendre à tout moment à voir la destruction totale de leur navire, mirent la chaloupe et le canot sur la glace, pour les sauver au moins si le vaisseau était mis en pièces. C'est dans cette situation désespérée qu'on resta jusqu'au 2 septembre ; ce jour-là le vaisseau fut encore porté plus haut par les glaçons : cela se fit avec un grand fracas, et le bâtiment se fendit en plusieurs endroits. Comme on voyait par là que le vaisseau ne pouvait manquer d'être bientôt détruit, on chargea treize tonneaux de biscuits et deux petits tonneaux de vin dans le canot, afin de pouvoir les conduire à terre. Le 3, les glaçons se serrèrent encore davantage. La grosse poutre de l'arrière, à laquelle le gouvernail avait été fixé, se détacha : le câble de la maîtresse ancre et un autre câble tout neuf, par lequel on avait attaché le vaisseau à un grand glaçon, se rompirent comme de simples ficelles. Cependant, chose étonnante ! le corps du vaisseau résistait toujours à la violence de la glace. Le 5, il fut entièrement jeté sur le côté, mais cette secousse même ne le brisa point. On ne pouvait cependant espérer qu'il résistât plus longtemps à toutes ces attaques; c'est pourquoi l'on continua d'en tirer les effets les plus nécessaires, tels que la poudre, les balles, les armes à feu, le biscuit, le vin, etc., ainsi que plusieurs outils et une vieille voile, et l'on se hâta de les transporter à terre : on fit une tente de la vieille voile pour y garder ce qu'on avait sauvé.

Quelques matelots qui étaient allés à huit kilomètres dans l'intérieur du pays revinrent avec l'agréable nouvelle qu'ils y avaient trouvé une rivière d'eau douce et quantité de bois flotté sur ses bords : on entend par là des arbres que le vent et la mer arrachent de la bordure du continent, et qu'ils charrient aux contrées froides et dépouillées de la mer Glaciale. Remarquez encore là une combinaison bien sage, une précaution admirable de la providence divine, qui pourvoit aux necessités d'une contrée avec le superflu d'une autre.

Cette nouvelle leur donna l'espérance qu'ils pourraient passer avec quelques facilités un hiver long et terrible dans ce pays froid et désert; et l'on résolut, en conséquence, d'y bâtir une hutte, pour se mettre, autant que possible, à l'abri du froid violent et de l'attaque des bêtes féroces. Mais le grand froid, joint aux vents continuels et à la neige qui tombait, mit tant d'obstacles à ce travail, qu'ils furent obligés d'y employer un mois entier avant de pouvoir l'achever. Dans cet intervalle ils eurent quelques aventures qui méritent d'être rapportées.

Un jour le matelot de garde sur le vaisseau vit venir trois ours; il donna l'alarme, et l'équipage s'arma pour les recevoir. A quelque distance du vaisseau il y avait un tonneau de viande salée tout ouvert; l'un des ours l'ayant senti y alla; et il était sur le point d'y porter la dent, lorsqu'une balle partie du vaisseau l'atteignit à la tête et le coucha raide mort sur la place. Le second ours s'arrêta comme frappé d'étonnement; il regarda, flaira son compagnon couché par terre, et jugea bon de se retirer à petits pas. Son second compagnon s'était cependant glissé derrière un gros glaçon ; mais sans doute il ne put digérer l'accueil qu'il avait reçu : car il revint bientôt marchant sur ses pieds de derrière, ce qui est l'attitude de ces animaux quand ils veulent attaquer. Dans cette posture martiale, il s'avança droit vers les matelots pour leur apprendre à vivre; mais, ceux-ci étant sur leurs gardes, le pauvre champion reçut dans le corps une balle qui le fit renoncer à son dessein. Il ne s'y résolut qu'avec peine, comme on put en juger par ses grognements; mais il crut qu'il valait mieux n'avoir pas affaire avec des gens qui entendaient si peu la raillerie, et il les laissa. Quant à l'ours tué, on le vida, et ensuite on le plaça sur ses pieds, pour voir si l'air et le froid en feraient une momie. Ils projetaient de le transporter ainsi en Hollande, si jamais ils étaient assez heureux pour se voir délivrer de leur misère actuelle.

Le froid augmentait de jour en jour à un tel degré, qu'on ne pouvait plus se réchauffer dans l'entre-pont, où était la cuisine. On se vit donc obligé d'établir le foyer à fond de cale ; il en résulta que tout le vaisseau se remplit d'une fumée si épaisse, que nous autres, habitants efféminés des villes, nous aurions tous cru y étouffer. Le 23, le maître charpentier mourut, et on l'enterra dans le trou d'une montagne, parce que la terre était trop fortement gelée pour qu'on y pût creuser une fosse. Tout l'équipage ne consistait plus qu'en seize personnes, dont souvent une était malade.

Vers la fin de septembre, la violence du froid devint telle, qu'ils étaient quelquefois obligés de suspendre le travail de la hutte, parce que leurs ouvriers avaient les membres absolument transis, et que le bois flotté dont ils se servaient pour la construire était trop enterré dans la neige. Cependant, afin d'avancer un peu l'ouvrage, on arracha du vaisseau les cloisons de la cabine pour en garnir la hutte et y faire un toit. Cela prit encore quinze jours, durant lesquels le froid fut si terrible, que les matelots les plus robustes ne pouvaient faire trente pas sans risquer de perdre la vie. Cependant le vaisseau demeurait dans sa situation désespérée. Les jours devenaient plus courts, les nuits plus sombres, et la malheureuse position de ces pauvres gens de jour en jour plus triste.

Ce fut le 12 octobre que la moitié de l'équipage se mit en chemin pour se loger dans la hutte, qui était presque achevée; mais il n'y avait pas de lit où l'on pût se coucher, et nos voyageurs ne pouvaient y allumer du feu, faute de cheminée. Imaginez-vous ce que ces pauvres malheureux durent souffrir alors ! et ils n'en supportèrent pas moins leur sort terrible avec patience et avec fermeté. Ils continuèrent à se ménager, dans leur cabane, le plus de commodité que le comportait leur situation, et à tirer du vaisseau un plus grand nombre de choses nécessaires à leur existence; par là ils se rendirent leur misère aussi supportable que possible.

Parmi les provisions dont la conservation leur importait si fort, il y avait quelques tonneaux de bière; mais ils étaient destinés à être encore privés de cette douceur; car, lorsqu'ils voulurent la traîner à la hutte, cette bière se métamorphosa en glaçons, de sorte que les tonneaux, même ceux qui étaient cerclés de fer, se rompirent. Cela peut vous donner une idée du froid terrible qu'il faisait alors. On n'en conserva pas moins avec soin ces glaçons de bière, quoiqu'on s'aperçût, dès le premier essai qu'on en fit, qu'en les faisant fondre sur le feu la bière perdait tout son goût et toute sa force.

Le 24, le reste de l'équipage, au nombre de huit personnes, se rendit à la hutte. Cependant il fallut y conduire l'un de ces gens sur un traîneau, parce qu'il était trop malade pour pouvoir marcher.

On traîna aussi la chaloupe, avec des peines incroyables, à la hutte, parce que c'était sur ce frêle esquif qu'était fondé tout l'espoir d'une délivrance future, dans le cas où ils réussiraient à passer un hiver aussi long et aussi terrible; car il ne fallait plus penser à conserver le grand vaisseau, qui était, pour ainsi dire, incrusté dans la glace.

La douce et agréable lumière du soleil les éclairait néanmoins encore pendant quelques heures du jour, mais ce bonheur même, le seul qui leur donnât quelque consolation, allait finir. Chaque jour l'arc que cet astre parcourait dans le ciel devenait plus petit. Il ne s'éleva bientôt plus que de la largeur de la main au-dessus de l'horizon. On se hâta donc, autant qu'on put, de transporter à la hutte le reste des vivres, des voiles et des cordages. La dernière fois qu'une partie de l'équipage alla au vaisseau dans ce dessein, le maître qui le commandait vit trois ours qui venaient droit aux matelots, et il se mit à jeter de grands cris pour les effrayer. Les matelots lâchèrent aussitôt les cordes avec lesquelles ils tiraient le traîneau, et tâchèrent de se sauver en courant vers le vaisseau. Mais Heemskerk et un autre, homme de cœur comme lui, s'armèrent de deux hallebardes qui se trouvaient sur le traîneau, avant de courir vers le navire. Ensuite ils tournèrent vers l'autre côté du vaisseau, où les ours n'étaient point, et montèrent heureusement à bord. Les ours, furieux de voir que leur proie leur avait échappé, coururent droit au vaisseau pour y grimper. Il s'y trouvait bien encore des armes à feu; mais à cette époque la batterie de ces armes était fort imparfaite. On n'avait pas encore inventé cet ingénieux ressort au moyen duquel on allume la poudre du bassinet avec une pierre à feu; et l'on était obligé, pour cet effet, de se servir d'une mèche. Or, malheureusement, on n'avait point sous la main de quoi mettre le feu aux mousquets, et les deux hallebardes ne suffisaient pas pour se défendre contre les ours. On envoya donc sans délai un matelot dans la cuisine du vaisseau, pour faire du feu, et un autre pour chercher les piques. Mais le feu ne voulait pas prendre, et les piques semblaient s'être cachées... Cependant ces animaux furieux faisaient tous leurs efforts pour grimper sur le vaisseau, et ils y auraient sans doute réussi, si l'on ne s'était avisé de leur jeter à la tête du bois et d'autres effets qui se trouvèrent sur le tillac, ce qui les portait toujours à courir après ce qu'on leur avait jeté, comme des chiens qu'on a dressés à rapporter. Enfin on lança au plus grand une hallebarde qui l'atteignit si bien au museau, qu'il prit le parti de se retirer. Les deux plus petits le suivirent; de sorte que les matelots purent derechef s'atteler au traîneau et s'en retourner à la hutte.

Quelques jours après on tira un renard blanc, qu'on fit rôtir. On lui trouva à peu près le goût d'un lapin.

Le 4 novembre, enfin, le soleil ne se montra pas du tout, et ce fut là le commencement de la longue nuit dont on pouvait à peine espérer de voir la fin. Mais comme la Providence, pleine de bonté, mêle à chaque coupe de douleur qu'elle présente aux mortels une dose de consolation, elle avait fait naître des circonstances capables d'adoucir l'horreur de cette situation; car, dès le jour où le soleil disparut, les ours s'éloignèrent de cette contrée, sans doute pour passer l'hiver dans des régions plus méridionales. En second lieu, la lune prit la place de l'astre du jour, faisant le tour de l'horizon, comme le faisait le soleil, sans se coucher. En troisième lieu, le ciel était

presque continuellement éclairé par de si belles aurores
boréales, que l'on jouissait à peu près de la clarté qui
règne dans nos climats pendant une journée nébuleuse.
Tout cela consolait nos pauvres navigateurs, et les dédom-
mageait, en quelque manière, de l'absence de la douce
lumière du jour qui leur était refusée.

C'était désormais avec bien de la peine qu'ils distin-
guaient le temps du jour de celui de la nuit, surtout lorsqu'un ciel couvert leur cachait la lune et les étoiles. Ils
avaient bien pris avec eux une pendule du vaisseau ; mais
la violence du froid l'empêchait de marcher. Par bonheur ils avaient aussi une horloge de sable qui allait
douze heures consécutives. Aussi avaient-ils grand soin
de la retourner régulièrement, afin de connaître l'heure
et le jour où ils se trouvaient. Ils se firent de plus une
lampe, qu'au défaut d'huile ils alimentaient avec de la
graisse d'ours fondue.

Le 6 novembre, le froid fut porté à un tel excès, qu'il
n'était pas possible de se réchauffer. Le feu le plus vif
qu'on pût entretenir dans la hutte n'était pas suffisant
pour empêcher que le vin d'Espagne qu'ils avaient apporté ne se gelât entièrement ; ce qui n'arrive, comme on
sait, que difficilement, à cause de la grande quantité d'*al-
cool* qui entre dans sa composition. Le feu paraissait avoir
perdu sa chaleur. Les objets qui en étaient le plus rap-
prochés n'en éprouvaient plus l'effet ; car si l'on y expo-
sait les pieds, on ne sentait un peu de chaleur que quand
les bas étaient brûlés ; encore ne s'en serait-on pas
aperçu si l'odorat n'en avait été frappé le premier. Tous
nos pauvres voyageurs étaient couchés autour du feu dans
le silence du désespoir ; ils jetaient les uns sur les autres
des regards de douleur et de compassion, craignant que
le froid n'augmentât encore et ne mît fin à leur douloureuse existence.

Le lendemain, le froid n'ayant pas diminué, on résolut d'aller chercher la houille du vaisseau, parce qu'elle donne plus de chaleur que le bois et ne se consume pas si vite. Ce dessein fut exécuté avec des difficultés inexprimables; et le soir ils en firent un si grand feu, que la hutte en fut réellement bien chauffée. Cette chaleur leur donna tant de plaisir, qu'ils cherchèrent tous les moyens de l'entretenir et de l'augmenter. Ils fermèrent donc la cheminée au moment où ils allèrent se coucher, pleins de satisfaction, et causèrent encore quelque temps dans leur lit, de meilleure humeur que jamais. Cependant bientôt cette gaieté leur passa, et ils se trouvèrent dans un état extraordinaire. Ils éprouvaient des vertiges et des étourdissements, et ne pouvaient s'entr'aider, incapables qu'ils étaient de se mouvoir. Par bonheur deux d'entre eux eurent encore la force de se traîner à la porte et à la cheminée, pour les ouvrir l'une et l'autre. Cela se fit encore à temps; mais celui qui ouvrit la porte, se sentant défaillir, tomba le visage dans la neige. Ce fut une circonstance heureuse pour lui; car le froid de la neige, l'air frais et un peu de vinaigre dont on l'arrosa, lui firent reprendre ses esprits. L'air vif qui pénétra alors dans la chambre leur sauva la vie à tous.

Vous concevez aisément, mes jeunes lecteurs, ce qui donna lieu à cet accident. Ce furent les vapeurs du charbon, qui ont déjà coûté la vie à bien du monde.

Heemskerk, dont la fermeté ne se démentit pas un seul instant, inventait tous les jours quelques nouveaux moyens pour rendre la position de ses compagnons moins intolérable. Ce fut lui qui eut l'idée de fabriquer un piège à renards, à l'aide duquel il prit un grand nombre de ces animaux. Leur chair était un régal exquis pour des malheureux réduits à une petite portion de viande et de poisson salé. Avec la fourrure, les matelots se firent des bas et des bonnets, qui, malgré leur légèreté, étaient plus chauds que les plus grosses étoffes de laine.

Le chirurgien du vaisseau disposa un grand tonneau de manière à pouvoir servir de baignoire, et força tous les hommes de l'équipage à s'y baigner fréquemment ; ces bains rétablirent les malades et conservèrent la santé des autres. Il arrivait aussi quelquefois que la hutte était toute couverte de neige, et qu'ils étaient obligés d'y pratiquer avec beaucoup de peine un passage à l'air extérieur. Souvent même, malgré la chaleur qu'ils avaient soin d'entretenir dans leur pauvre habitation, leurs souliers se gelaient à leurs pieds, ce qui les rendait durs comme de la corne, de sorte qu'ils ne pouvaient plus s'en servir. Cela les détermina à arranger des peaux de manière à pouvoir s'en couvrir les pieds, et ils mettaient ces souliers de nouvelle invention par-dessus trois ou quatre paires de bas, pour y conserver au moins quelque chaleur. Quant à leurs lits, souvent le seul moyen de ne pas y geler, c'était de faire chauffer des pierres et de s'en servir en guise de bassinoires.

Ce fut de cette manière qu'ils finirent l'année 1596. Vers le 15 janvier, le jour et la nuit, qui jusque-là paraissaient confondus, commencèrent à devenir sensiblement distincts. On aperçut une rougeur dans les airs, qui semblait présager l'approche du soleil, et qui par conséquent formait pour ces infortunés, isolés de la nature entière, un spectacle très agréable. Les jours n'étaient plus tout à fait aussi froids qu'auparavant ; car, quand on entretenait un bon feu dans la hutte, on voyait de grands morceaux de glace tomber des parois, et se fondre lorsqu'ils se trouvaient entre deux lits, ce qui ne s'était encore jamais vu, même quand on avait allumé le plus grand feu. Dès lors ils sortirent tous les jours, et s'exercèrent à marcher, à courir, à lancer des pierres pour assouplir leurs membres.

Le 24 janvier, par un temps pur et serein, le capitaine Heemskerk se rendit sur le rivage avec deux de ses compagnons pour voir en quel état se trouvaient les glaces. Tout à coup l'un d'eux découvrit une partie du disque du soleil, qui paraissait au-dessus de l'horizon; la joie qu'ils en ressentirent passe toute expression. Ils coururent de toutes leurs forces pour annoncer cette bonne nouvelle dans la hutte. Tous la reçurent avec transport. Heemskerk seul, qui était versé en astronomie, secoua la tête, et douta de la vérité de cette observation, parce que, suivant son calcul, le soleil ne pouvait être visible que quinze jours plus tard. Qu'arriva-t-il pourtant? Trois jours après, le ciel étant de nouveau serein, l'équipage eut la joie inexprimable de voir le soleil dans tout son diamètre et toute sa beauté, au-dessus de l'horizon, dardant ses rayons sur cette région glacée.

Le capitaine fut surpris; il reprit ses calculs, et trouva encore une fois que le soleil avait tort de se montrer sitôt, parce que, suivant le cours de cet astre, il ne devait luire pour la première fois, dans les parages où ils se trouvaient alors, que quinze jours plus tard. Il convainquit ses compagnons de la justesse de son calcul, et tous en furent étonnés comme lui. Leurs yeux leur certifiaient que le soleil était là, et les calculs astronomiques leur démontraient que cela ne pouvait être. Lesquels croire, de leur raison ou de leurs yeux.

Heemskerk nota cette circonstance avec soin sur son journal, pour consulter, dit-il, d'habiles astronomes, s'il plaisait au Ciel de le ramener un jour en Hollande.

Voulez-vous, mes jeunes lecteurs, vous rendre compte d'une manière claire et palpable du phénomène observé par le marin hollandais, dont les calculs étaient probablement exacts? prenez la soucoupe de votre tasse à café, et mettez-y une pièce d'argent. Ensuite placez-vous de manière que vous puissiez voir à peu près jusque dans la partie moyenne de la tasse, sans apercevoir pourtant la pièce d'argent qui est au fond... Vous ne voyez pas jusqu'à présent cette pièce? Eh bien, patience! que quelqu'un remplisse cette soucoupe d'eau, sans que vous bougiez de votre place. — Tout à coup, vous voyez le fond de la tasse; vous y voyez la pièce d'argent que vous n'aperceviez pas tout à l'heure. Comment cela peut-il se faire?

Ceux d'entre vous qui ont déjà appris un peu de physique en sauront facilement la raison. Quant aux autres, je me bornerai à leur dire, en général, que ce singulier phénomène vient de la réfraction des rayons de lumière; et ils en apprendront davantage lorsqu'on commencera à les initier aux merveilles de cette science attrayante. Il faut savoir que, toutes les fois que les rayons de lumière passent d'un milieu moins dense dans un qui l'est davantage, par exemple, de l'air dans l'eau, ils changent de direction, ils vont d'un autre côté, en se rapprochant de la ligne perpendiculaire, et, lorsque cela a lieu, les objets qui en sont éclairés se montrent dans un autre endroit que celui où ils se trouvent réellement. Vous voyez, par exemple, cette pièce d'argent au milieu de la tasse, quoiqu'elle soit véritablement au fond.

A présent, il suffit de savoir que l'air qui entoure notre globe est beaucoup plus dense que l'air supérieur, pour concevoir fort aisément que les rayons du soleil, en passant de l'air supérieur raréfié dans l'air plus épais de notre atmosphère, y éprouvent aussi une réfraction. De là vient qu'au lever et au coucher du soleil nous voyons cet astre toujours un peu au-dessus du lieu véritable où il se trouve dans le ciel. Ainsi, toutes les fois que nous le voyons se lever, ce n'est pas d'abord lui-même, mais son image que nous apercevons à travers l'atmosphère, par la même raison que nous voyons cette pièce d'argent dans l'eau à un endroit où elle ne se trouve pas réellement. La même chose arrive lorsque le soleil se couche; car déjà il se trouve sous l'horizon, que nous voyons encore son image briller avec éclat.

Concevez-vous maintenant pourquoi nos gens virent à la Nouvelle-Zemble le soleil se lever quinze jours avant le temps auquel les calculs astronomiques du capitaine indiquaient cet événement? Il avait raison, car il calculait le lieu véritable du soleil, mais les yeux de ses compagnons ne se trompaient pas non plus, car ils voyaient le spectre de cet astre qu'on ne saurait distinguer de l'astre même. A partir du mois de février, le froid commença à diminuer d'une manière notable; mais il reprit avec une nouvelle force vers le milieu du même mois : il fut terrible et plus insupportable que jamais. Ce retour inattendu à l'infortune aurait découragé tous nos gens, si l'espérance de se voir enfin délivrés de leur misère ne les avait ranimés.

Leur premier soin était toujours d'avoir une provision suffisante de bois. Ce n'était jamais qu'avec les plus grandes peines qu'ils parvenaient à en trouver et à le transporter à la hutte; car il fallait non seulement le chercher au loin, mais encore le tirer de dessous des montagnes de neige, et le traîner à travers des neiges tout aussi hautes jusqu'à leur hutte; mais qu'y a-t-il qui soit au-dessus des forces de l'homme quand il a du courage et que la nécessité le pousse?

Un jour qu'après avoir vaqué aux travaux de la journée ils étaient paisiblement couchés, un ours vint à leur hutte, annonçant sa présence et ses desseins par des grognements horribles. Tous se levèrent, prirent des armes à feu et couchèrent l'animal en joue; mais, de tous leurs mousquets, il n'y en eut pas un dont le coup partît, parce que la poudre était mouillée. Cependant le monstre descendit les degrés pratiqués dans la neige, et vint à la porte pour la rompre ; mais Heemskerk se mit derrière elle, et la tint si ferme, que l'ours n'en put venir à bout. Après bien des tentatives infructueuses, il s'en alla ; mais, s'étant ravisé, il revint bientôt, monta sur le toit de la hutte, et commença à hurler d'une si terrible manière, que tous ceux qui l'habitaient furent consternés d'effroi. Il s'attacha à la cheminée, faisant tant d'efforts pour la renverser, qu'on s'attendait à tout instant à la voir tomber de là dans la hutte.

Figurez-vous ce que ces malheureux durent éprouver dans ce moment! Mais la Providence veilla encore une fois à leur conservation. L'ours fut obligé de renoncer à son entreprise ; cependant, avant de se retirer, il déchira la voile dont la hutte était couverte, et s'éloigna ensuite une seconde fois, après avoir fait un ravage extraordinaire.

La rigueur du froid dura jusqu'au 15 avril. Ce jour-là nos pauvres Hollandais allèrent visiter le vaisseau, et le trouvèrent dans la triste situation où ils l'avaient laissé. La glace où il était fixé avait acquis une énorme épaisseur et présentait les formes les plus singulières. Ici on voyait s'élever une tour ; là elle paraissait avoir formé des rues bordées de maisons ; d'un autre côté, on aurait dit que c'était un rempart flanqué de bastions ; plus loin, la mer semblait vouloir s'ouvrir et percer les glaces. Tous, à cet aspect, sentirent naître dans leurs cœurs l'espérance et le désir d'un départ prochain : Heemskerk avait résolu d'attendre la fin du mois de mai, afin qu'on ne pût lui reprocher d'avoir renoncé trop tôt à l'espoir de sauver le vaisseau par un soin excessif pour sa personne.

La fin du mois de mai arriva, mais le vaisseau se trouvait toujours dans la même situation. La glace qui le tenait renfermé semblait être attachée au fond de la mer ; car il restait immobile lors même que les glaces éloignées se brisaient et qu'elles étaient entraînées par les vents. Alors le capitaine ordonna de retirer la chaloupe et le canot de dessous la neige où ils étaient enfouis, afin de les équiper aussi bien que l'on pourrait pour le voyage long et très dangereux qu'on devait entreprendre : doux sons aux oreilles des matelots, pour qui les plus grands périls n'étaient rien en comparaison de celui de passer toute leur vie dans cette affreuse région, condamnée à un hiver éternel. Mais ils avaient beaucoup perdu de leurs forces, et il leur fallut des efforts incroyables pour tirer les deux bâtiments de dessous la neige. Souvent ils pouvaient à peine soulever leurs bras; mais ces mots du capitaine : « Si vous ne voulez pas demeurer à la Nouvelle-Zemble et être bientôt ensevelis dans ces neiges, il faut que vous travailliez à mettre ces bâtiments en état; car c'est sur eux que se fonde tout l'espoir de votre salut, » retentissaient comme l'éclat du tonnerre à leurs oreilles, et leur donnaient la force d'exécuter en quelque sorte l'impossible.

Cependant tout le mois de mai se passa à radouber et à équiper ces petits navires. Souvent les ours les attaquaient dans leur travail, et ils se trouvèrent plus d'une fois en grand danger d'être dévorés par ces animaux féroces. Souvent aussi le temps s'adoucissait, et la mer commençait à se dégager; mais bientôt le vent du nord ramenait le froid le plus terrible, et couvrait au loin toute la mer de glaces.

Dans les premiers jours du mois de juin, on conduisit les bâtiments par-dessus la glace vers le vaisseau, pour les traîner ensuite, quand tout serait prêt, plus loin, jusqu'à l'extrémité des glaces, et de là les lancer en pleine eau. Les jours suivants furent employés à déblayer la hutte et à porter préalablement au vaisseau tout ce qui pouvait leur être de quelque utilité dans leur dangereux voyage. Cela faisait à peu près la moitié du chemin jusqu'à l'endroit où la mer était libre.

Un violent orage, mêlé de neige, de grêle et de pluie, les surprit pendant ce travail. Il y avait longtemps qu'on n'en avait vu de pareil. Le temps fut si terrible, qu'ils se virent obligés de tout abandonner et de se sauver dans la hutte; mais ils n'en furent pas moins mouillés jusqu'aux os : car ils avaient employé le toit de planche à radouber leurs bâtiments, et une voile tendue en formait tout l'abri; de sorte que la pluie y entrait de toutes parts, et que toute la hutte était pleine d'eau. Ils supportèrent encore ce surcroît de peine avec leur patience ordinaire, et le lendemain ils continuèrent de transporter leurs effets de la hutte au vaisseau.

Le 11 juin, ils furent menacés d'un nouveau malheur, le plus terrible qui pût leur arriver. Tous les vivres et tous les objets indispensables pour leur voyage se trouvaient alors à bord du vaisseau, et les deux bâtiments sur lesquels ils comptaient faire la traversée étaient à côté. Tout à coup il s'éleva une tempête si violente qu'ils s'attendaient à chaque instant à voir la glace se rompre, et le vaisseau se briser et s'abîmer avec tout ce qu'il contenait; et, si ce malheur arrivait, il n'y avait plus aucun moyen de salut pour eux ; mais heureusement cette tempête ne fut pas de longue durée.

Ils n'en reprirent qu'avec plus d'ardeur le dernier et rude travail qui leur restait à faire pour pouvoir traîner les bâtiments à l'eau et s'y embarquer. Il consistait à frayer un chemin du vaisseau jusqu'à la mer. La glace avait formé, comme nous l'avons vu, des montagnes et des vallées, par où il était impossible de traîner les bâtiments. Il fallait aplanir ces inégalités, et assurément ce n'était pas une tâche aisée ; cependant ils s'y mirent gaiement à coups

de pioche et de hache. Ils eurent pendant ce travail, encore un grand combat avec un ours qu'ils vainquirent, et
ils vinrent enfin à bout de ce pénible ouvrage.

Le capitaine Heemskerk avait écrit une relation de ses
aventures jusqu'à ce moment. Il en mit une copie dans
une boîte, et la laissa sur le vaisseau pour servir d'avis à
ceux qui pourraient être jetés après eux sur ces côtes. Il
y avait désigné l'endroit où avait été leur hutte, et décrit
les moyens par lesquels ils avaient subsisté pendant dix
mois dans cette affreuse contrée. On voit par là que ces
hommes remplissaient les devoirs de l'humanité, puisqu'ils cherchaient à adoucir le sort de ceux qui pourraient
avoir, comme eux, le malheur d'y passer l'hiver. Mais les
maux qu'on a éprouvés soi-même nous rendent toujours
compatissants et portés à toutes les actions d'humanité;
et c'est là aussi une des raisons pour lesquelles la divine
bonté envoie quelquefois des malheurs à ses créatures.
Heemskerk remit ensuite une copie de cette relation sur
chacun des deux bâtiments, afin que, si l'un périssait et
que l'autre arrivât heureusement au continent, on ajoutât
foi au rapport du reste de l'équipage. Il les fit en outre
signer par tous ses compagnons, pour les rendre encore
plus authentiques.

Les bâtiments furent enfin traînés à l'eau. Ensuite on
porta en traîneau tout ce qui devait en former la cargaison; mais on avait eu la précaution d'envelopper de toiles
trempées dans du goudron tous les effets que l'humidité
aurait pu avarier, afin que l'eau qui viendrait à tomber
dessus ne pût y causer aucun dommage nuisible.

Ce fut le 24 juin 1597, à six heures du matin, que nos
héros s'embarquèrent et mirent à la voile. Il y en avait
deux de malades, savoir : le maître d'équipage et un matelot. On en avait placé un dans chaque bâtiment, afin
que, les équipages des deux embarcations se partageant

le soin de les secourir, leur soulagement fût plus efficace.

Ils commencèrent donc avec joie et courage un voyage qui vraisemblablement n'avait point eu de pareil depuis la création du monde; car leur entreprise n'allait pas moins qu'à faire un trajet de plus de quatorze cents kilomètres sur deux misérables bâtiments sans pont, sous une température qui, au milieu de l'été, est semblable à nos hivers, et dans des mers embarrassées de glaçons monstrueux, qui tantôt se réunissaient pour ne former qu'une seule masse, et tantôt, jouet des vents en fureur, heurtaient avec violence leurs propres débris les uns contre les autres. Voilà ce qu'ils prétendaient exécuter, avec des corps exténués, avec des forces déjà si épuisées par leurs fatigues précédentes! On ne peut se défendre d'une extrême surprise quand on contemple dans toute son étendue la grandeur d'une entreprise aussi pénible et aussi dangereuse.

Le lieu où ils avaient passé l'hiver se trouvait, comme nous l'avons vu, sur la côte orientale du pays; la voie la plus courte pour arriver de là au continent aurait été de cingler le long de cette côte vers le sud. Mais Heemskerk choisit la plus longue, je ne sais trop pourquoi. Peut-être avait-il sujet de penser que la mer se trouverait plus libre de glace sur la côte occidentale de la Nouvelle-Zemble que sur la côte de l'est. Il résolut de voguer d'abord vers le nord, de doubler ensuite l'extrémité septentrionale de cette île, ou ce qu'on nomme le cap de Glaces, et de ne cingler vers le sud que quand il aurait gagné l'autre côté de cette terre.

D'après cette résolution, il dirigea d'abord sa marche vers le nord; mais ils n'allèrent pas fort loin sans se voir enfermés par les glaçons, au point de ne pouvoir plus avancer. Nos braves Hollandais jetèrent l'ancre dans les glaces, jusqu'à ce que celles-ci commençassent à se re-

mettre en mouvement pour leur ouvrir un passage ; et ils
employèrent ce temps à faire fondre de la neige sur le
feu, pour se procurer de l'eau fraîche. Ainsi, au lieu
de se laisser détourner de leur dessein par ce premier
obstacle, ils tâchèrent, au contraire, d'en tirer parti.

Bientôt ils purent continuer leur route. Le vent leur
était favorable, et les rameurs firent de si grands efforts,
que dès le troisième jour ils parvinrent à l'extrémité septentrionale de la Nouvelle-Zemble.

Le lendemain, comme ils voguaient entre les glaçons,
ces masses errantes vinrent heurter avec une telle violence contre leurs navires, que l'équipage en fut dans
le dernier effroi, parce que le moindre choc semblait suffisant pour les engloutir. Sans doute quelque courant de
la mer entraînait là les glaçons avec une force telle,
qu'on ne pouvait ni les éviter ni les détourner des bâtiments au moyen de perches ; et ils étaient en si grand
nombre et si serrés, qu'on ne voyait absolument aucun
moyen de s'y frayer une route. Dans ces fâcheuses conjonctures, le courage abandonna les plus hardis : ils se
crurent tous perdus, et déjà ils commençaient à se dire
un éternel adieu.

Ils entrevoyaient, à la vérité, un moyen de salut ; mais
tous leurs efforts pour y parvenir étaient inutiles. Il y
avait à peu de distance de là un banc de glace ferme, capable de les garantir des glaçons flottants ; mais il ne leur
parut pas possible d'y parvenir avec leurs bâtiments.
Voyez néanmoins comment un seul homme courageux et
résolu peut souvent assurer le salut de beaucoup d'autres !
Un de leurs compagnons, nommé Van Veer, s'élance hors
d'une barque, et, sautant de glaçon en glaçon, arrive contre
toute attente sur la glace ferme. Alors il tire à lui un câble,
le fixe à une aspérité du banc. Aussitôt les équipages des
deux canots, halant de toutes leurs forces sur ce câble,

forcent les canots à s'approcher assez près de la glace solide pour y trouver un abri contre les glaces mouvantes.

Mais, arrivés là, ils virent au loin toute la mer couverte de glaces; pour comble de malheur, il s'éleva une violente tempête. La glace à laquelle les bâtiments étaient attachés se rompit, et les fragments se séparèrent. Ces petits navires furent donc jetés dans la haute mer, toujours dans un danger continuel, soit d'être écrasés par les glaçons flottants, soit d'être culbutés par la tempête.

Cependant le 3 août, après des peines et des dangers innombrables, ils parvinrent à la pointe méridionale de cette triste contrée, tous affaiblis au delà de toute expression, tous attaqués du scorbut, qui menaçait de les exterminer avant qu'ils pussent gagner le continent. Mais combien est vraie et consolante cette maxime : *C'est au milieu des plus grandes misères que l'assistance divine se manifeste avec le plus de puissance!* C'est aussi ce qu'ils éprouvèrent; car, lorsqu'ils descendirent à terre pour la dernière fois, ils trouvèrent une grande quantité de cochléaria. Ils connaissaient les propriétés de cette plante, dont les effets, au témoignage de Heemskerk, surpassèrent tout ce qu'il avait vu jusque-là. Ils furent aussi prompts qu'admirables.

Un peu remis de leur détresse, ils se disposèrent à passer devant le détroit de Waigatz, pour gagner le continent voisin.

Tous leurs vivres étaient consommés, à un peu de biscuit près; encore était-il tout moisi. Cela engagea quelques-uns à emporter un veau marin mort qu'ils trouvèrent sur la glace et qui était tout pourri. Mais comme ils allaient le manger, les autres eurent la prudence de les en empêcher, persuadés qu'une pareille nourriture leur coûterait la vie. Il fallut donc se contenter d'un peu de biscuit moisi, et l'on se remit en route.

Le lendemain ils eurent la joie de voir une barque
russe qui venait sur eux à pleines voiles : Heemskerk ordonna de l'attendre, et monta à bord. Il prit sur-le-champ
une pièce d'argent dans une main, et montra de l'autre
un tonneau de poissons. Les Russes le comprirent : ils reçurent l'argent, et leur donnèrent en revanche deux cents
poissons avec quelques petits gâteaux. Les Hollandais, à
demi morts de faim, eurent une joie extrême de cette
emplette, et se hâtèrent d'en faire leurs délices. Toute la
provision fut partagée en portions égales ; permis à chacun de faire de la sienne ce qu'il jugerait à propos.

Le 13, leur malheur voulut qu'une violente tempête
vînt séparer les deux bâtiments. A peine se fut-elle calmée, qu'un brouillard épais leur ôta absolument toute
possibilité de se rejoindre. Heemskerk se trouvait dans le
canot, et cinglait le plus près des côtes qu'il lui était possible. La chaloupe paraissait avoir été jetée en haute mer.
Alarmés sur le sort de leurs compagnons, ceux qui montaient le canot continuèrent à voguer ainsi quatre jours
de suite, lorsqu'ils rencontrèrent encore une barque
russe. Quand ils en approchèrent, l'équipage leur offrit,
de son propre mouvement, un pain qu'ils acceptèrent
avec reconnaissance. Les Russes voulaient leur faire comprendre qu'ils avaient vu leurs camarades, au nombre de
sept, dans la chaloupe ; mais, les Hollandais ne les com-
prenant point, ils levèrent sept doigts et montrèrent en
même temps le canot, pour indiquer qu'ils avaient rencontré sept hommes dans un bâtiment ouvert comme
celui-ci. Alors on les comprit ; et le maître, s'étant fait
expliquer par gestes de quel côté ils avaient vu leurs camarades, y dirigea sa course, et fit force de voiles et de
rames pour les rejoindre.

Le 18, ils gagnèrent enfin cet objet de leurs longs et
ardents désirs, le cap de l'île Candenoes, situé à l'entrée

de la mer Blanche; mais, hélas! point de nouvelles de la chaloupe. Il leur restait encore une traversée fort dangereuse à faire. Il fallait, de Candenoes, passer la mer Blanche par un vent fort et une mer houleuse, pour arriver à la côte occidentale habitée par les Lapons; ce qui faisait encore un trajet de vingt-huit myriamètres; mais pour des gens qui avaient déjà surmonté tant de périls différents, il n'y avait plus rien de terrible. Ils se hasardèrent donc à entrer dans cette mer dangereuse avec leur petit canot ouvert, et en trente heures de temps ils en eurent heureusement achevé la navigation.

Ils découvrirent bientôt quelques petites maisons sur la côte, et là ils descendirent à terre. Ces maisons étaient habitées par treize Russes, ayant deux Lapons, leurs femmes et un enfant avec eux. Le genre de vie de ces Russes était fort simple : ils se nourrissaient uniquement de poissons qu'ils prenaient tous les jours. Ils reçurent fort bien les navigateurs, et les régalèrent d'une soupe à la farine et de poissons frais.

Le capitaine hollandais, après avoir fait un repas qui lui sembla délicieux, voulut s'avancer un peu dans les terres pour juger le pays, et s'écarta de la côte avec quelques hommes de son équipage. En jetant les yeux à droite et à gauche, il crut distinguer sur une éminence assez élevée deux hommes qui, comme lui, cherchaient à reconnaître les lieux. Heemskerk n'attacha pas grande importance à cette observation, et reprit le chemin de son canot.

Les deux hommes qu'ils avaient découverts sur la hauteur prirent le même chemin, et ils ne furent pas longtemps à se rendre également au canot. Oh! qui pourrait décrire la joie qui s'empara tout à coup de tout le monde, lorsqu'on vit que ces deux hommes n'étaient autres que... deux de leurs compagnons de la chaloupe! Que de cris de joie ! que de félicitations ! que de marques d'amitié ils se donnèrent ! Mais vous n'avez qu'à vous peindre vous-même cette scène. Quant à moi, je me contenterai d'ajouter que la chaloupe, garnie de tout son équipage, ne tarda pas d'arriver aussi, et qu'ils célébrèrent ce jour heureux de leur réunion par un repas solennel, qu'ils trouvèrent plus délicieux que nos ragoûts les plus exquis, quoiqu'il ne consistât qu'en pain et en poissons.

En remettant à la voile le lendemain, ils rencontrèrent des pêcheurs ; mais le vent les empêcha d'en rien acheter. Ces bonnes gens virent leur peine, et leur jetèrent une morue sans en recevoir de payement. Ainsi, grâce à Dieu, il se trouve, sous toutes les zones et dans tous les états, des hommes pour qui les devoirs de l'humanité sont sacrés, et qui les remplissent de bon cœur et sans intérêt !

Bientôt Heemskerk et ses compagnons arrivèrent à Kola ; ils y trouvèrent un vaisseau hollandais qui les ramena à Amsterdam, où on les croyait tous perdus sans retour.

Le gouverneur de Kola voulut que le canot et la chaloupe, ces frêles embarcations dans lesquelles nos courageux Hollandais avaient exécuté le plus aventureux voyage qui ait jamais été entrepris, fussent déposés à la Bourse, pour qu'ils y restassent comme un monument à la gloire de Heemskerk. Le temps a exercé sur eux ses ravages ordinaires ; mais on en voit de nos jours quelques débris.

FIN

TABLE

I. — Naufrage du lieutenant de vaisseau Mackay, raconté par lui-même. 7

II. — Aventures du matelot anglais Selkirk, abandonné dans une île déserte. 33

III. — Aventures du capitaine Cheap, commandant un des navires de l'escadre de l'amiral Anson. 40

IV. — Une révolte à bord. 69

V. — Le capitaine Phipps, enfermé dans les glaces polaires avec les deux navires qu'il commandait. 82

VI. — Aventures du lieutenant d'artillerie Bristow, racontées par lui-même. 96

VII. — Aventures de quatre matelots russes abandonnés sur les côtes du Spitzberg. 124

VIII. — Aventures de Mme Godin. 151

IX. — Aventures du capitaine hollandais Heemskerk dans les régions polaires. 163

8721. — Tours, impr. Mame.

BIBLIOTHÈQUE DE LA JEUNESSE CHRÉTIENNE

FORMAT IN-8° — 3e SÉRIE

ADEN ET LE GOLFE D'ADEN, lettres du R. P. Exupère de Prats de Mollo.

AMI DE LA JEUNESSE (l'), par M. Vattier.

ANGE DE LA FAMILLE (l'), ou Journal de Marthe Lambert, par Alexandrine Desves.

ANNE DE BRETAGNE, REINE DE FRANCE (histoire d'), par J.-J.-E. Roy.

ANTHONY, ou le Crucifix d'argent, par H. de Beugnon.

AVENTURES DE MER, par C. G***.

AVENTURES D'UN CAPITAINE FRANÇAIS, planteur au Texas, par Just Girard.

AVENTURES D'UNE CASSETTE (les), par Théophile Ménard.

BEAUTÉS DU SPECTACLE DE LA NATURE, ou Entretiens sur l'Histoire naturelle des animaux et des plantes; ouvrage mis au niveau des connaissances actuelles, par L.-F. Jéhan.

BERTHE, par Mme Boïeldieu-d'Auvigny.

BERTRAND DU GUESCLIN (histoire de), par Guyard de Berville.

BLANCHE DE MARSILLY, épisode de la Révolution, par M. Albert Richard.

BOHÉMIENS AU XVe SIÈCLE (les), par Henri Guenot.

BON ESPRIT (le), par Maurice Leprévost.

BOUGAINVILLE, par J.-J.-E. Roy.

CAMILLE, par Mme de Montanclos.

CAPITAINE ROUGEMONT (le), par Théophile Ménard.

CASSILDA, ou la Princesse Maure de Tolède, d'après une légende espagnole; par M. l'abbé G. A. L.

CAUSERIES EN FAMILLE, ou Conseils d'une mère, par Louise Lambert.

CENT MERVEILLES DES SCIENCES ET DES ARTS (les), par M. de Marlès.

CLAIRE DE RIVES, par Mme Vattier.

CLOCHER DU VILLAGE (le), par Guenot.

CURÉ D'AUVRIGNY (le), par Just Girard.

DEUX CARACTÈRES (les), ou Avarice et générosité, par A. de Labadye.

DUGUAY-TROUIN, par Frédéric Kœnig.

EMPIRE DU BRÉSIL (l'), par J.-J.-E. Roy.

ENFANT DE TROUPE (l'), par Just Girard.

EPISODES du temps de la Commune de Paris en 1871.

ETUDES DE LA NATURE, par Bernardin de Saint-Pierre. Extraits à l'usage de la jeunesse.

EXCURSION D'UN TOURISTE AU MEXIQUE, publiée par Just Girard.

FILLE DU PÊCHEUR (la), par Mme Valentine Vattier.

FLORENCE VILLIERS, traduit de l'Anglais par le baron R. de St-Julien.

GRENADIER DE LA RÉPUBLIQUE (le), Épisode de la Révolution, par C. Guenot.

HUNYAD, ou la Hongrie au XVe siècle, par M. l'abbé C. Guenot.

JEAN BART, par Frédéric Kœnig.

JEANNE DE BELLEMARE, ou l'Orpheline de Verneuil, par Stéphanie Ory.

JEUNE PENSIONNAIRE (la), correspondance entre une mère et sa fille.

JEUNESSE DE MICHEL-ANGE (la), par Frédéric Kœnig.

LA TOUR D'AUVERGNE, dit le premier grenadier de France, par F. Kœnig.

LÉONARD DE VINCI, par F. Kœnig.

LUCIA UGONI, épisode du règne de l'empereur Frédéric II, par Tolmey.

MAITRESSE DE MAISON (la), par Mlle Ulliac Trémadeure.

MARCELLE, histoire vraie, par M. Camille d'Arvor.

MARGUERITE D'ANJOU (histoire de), par J.-J.-E. Roy.

MEILLEURE PART (la), scènes de la vie réelle, par Mme Valentine Vattier.

NAUFRAGES CÉLÈBRES (les).

RAPHAEL, par Frédéric Kœnig.

RÉCITS LÉGENDAIRES, par A. des Essarts.

RICHARD, ou Le dévouement à la famille des Stuarts, par A.-C. Lecler.

ROBERT BRUCE, ROI D'ÉCOSSE (histoire de), par Mme Aricie Sauquet.

ROSE FERMONT, ou Un cœur reconnaissant, par Mme Vattier.

SALLE DES MARTYRS (la), par le P. Perny.

SECRET DE LA BISAIEULE (le), par Mlle Louise Diard.

SÉPHORA, ou Rome et Jérusalem, par A. Lemercier.

SOIRÉES D'ECOUEN, recueillies et publiées par Stéphanie Ory.

SOUVENIRS ET RÉCITS D'UN ANCIEN MISSIONNAIRE, par J.-J.-E. Roy.

TOURVILLE, ou La marine française sous Louis XIV, par Frédéric Kœnig.

UN FRANÇAIS EN CHINE, par J.-J.-E. Roy.

UN MARTYR EN CORÉE, vie de M. Petitnicolas, par M. l'abbé Renard.

VOYAGE AU MONT SINAÏ, par L. de Tesson.

VOYAGE DANS L'INDE ANGLAISE, par J.-J.-E. Roy.

VOYAGES ET AVENTURES DU CAPITAINE COOK, par Henri Lebrun.

WALTER KILLANOE, scènes maritimes, par Henri Guenot.

Tours — Impr. Mame.